心靈工坊 PsyGarden

我覺得

無助／我不會

暴走小孩 淡定父母
與特殊孩子的情緒共舞

心靈工坊 PsyGarden

我覺得

害怕

暴走小孩 淡定父母
與特殊孩子的情緒共舞

心靈工坊 PsyGarden

我覺得

憤恨

暴走小孩 淡定父母
與特殊孩子的情緒共舞

心靈工坊 PsyGarden

我覺得

嫉妒

暴走小孩 淡定父母
與特殊孩子的情緒共舞

心靈工坊 PsyGarden

我覺得

委屈

暴走小孩 淡定父母
與特殊孩子的情緒共舞

心靈工坊 PsyGarden

我覺得

懊惱

暴走小孩 淡定父母
與特殊孩子的情緒共舞

情緒卡使用方法請見【附錄一】

思想觀念的帶動者

文化現象的觀察者

本土經驗的整理者

生命故事的關懷者

心靈工坊 | PsyGarden |

GrowUp

愛的開顯就是恩典，
心的照顧就是成長；
親子攜手，同向生命的高處仰望，
愛必泉湧，心必富饒。

Calming Your Impulsive Kids:
How to Help Children with Special Needs Control Their Emotions

暴走小孩，淡定父母

與特殊孩子的情緒共舞

吳蕙名 著

目錄

CONTENTS

CONTENTS

目錄

Part 2 與孩子情緒共舞 57

CONTENTS

目錄

Part 4 家長有什麼資源可以運用？　249

【推薦序一】

媽媽是孩子恰恰好的治療師

劉弘仁
臺北市立關渡醫院身心科主治醫師暨主任
臺北榮民總醫院精神部特約主治醫師

作爲一個兒童青少年精神科醫師，診間進出著各種各樣的特殊兒，我們總是會遇到一些非關臨床的詢問。

這些非關臨床的詢問就是家長或老師問了一些跟孩子的症狀或治療不相關的問題，這些問題林林總總，千奇百怪，所有你能想像的問題可能都曾出現過。其中最常見的問題就是：「醫生，你都是怎麼紓解壓力的？」、「醫生，你每天看這麼多孩子，不會覺得快瘋掉了嗎？」然而其實我們更想反問家長：「這一切你是怎麼熬過來的？」

醫師的壓力是在臨床時刻，臨床時刻過後，孩子回到家庭當中，壓力與責任多數時間都會落到家長身上。許多研究都告訴我們，作爲一個特殊兒的家長，這些家長都承受著多重壓力，經常在焦慮或憂鬱邊緣徘徊，無論是一頭大象或是一根稻草，就會讓家長掉進深淵，等待救援。過去在專業助人工作者的思考中，確實就是如此看待家長／照顧者的，所以，彷彿作爲助人工作者的我們是拯救者一般……

但是逐漸當我們看到像吳蕙名女士這樣的家長出現的時候，她不只協助我們理解了特殊兒家長的經驗，也改變了許多助人工作者的觀念。那就是每一個家庭與家長都有其能力與優勢去走出自己的路，助人工作者不是拯救者，而是夥伴關係，跟著家庭／家長比肩同行，一起走一段風景獨特的旅程。

晚近二、三十年來，也由於對家長能力的重新認識，在歐美國家，對於特殊兒的情緒行爲問題處理領域出現了精準、豐富而多樣化的親職介入模式，例如：最著名的「令人驚歎的歲月計畫」（The Incredible Years Parent Training Program, IYPT）就是訓練家長如何處理孩子長期的嚴重行爲規範問題。家長透過一個爲期十二週的完整課程，來學習各式各樣的技巧，諸如如何與孩子遊戲、如何肯定孩子、怎麼給予孩子情緒行爲適當的回饋、怎麼爲孩子設下界線以及如何處理孩子的挑戰性行爲等。許多研究均證實這些親職訓練模式有一定的成效，而且即使孩子現階段沒有情緒行爲問題，家長接受介入或訓練後多半都能修正自己的教養模式，改善家中的親子關係或家庭關係。《暴走小孩，淡定父母：與特殊孩子的情緒共舞》彷彿就是循著上述的脈絡背景，由父母陪伴特殊小孩的心理準備一路寫到實用的行爲處理技巧，按部就班，以實例循序漸進地讓讀者了解如何處理特殊兒的情緒行爲困難，教導父母去理解孩子，融合著行爲治療的精華與心理學上涵容的概念，讓父母可以在每一天的生活當中實踐。吳女士在書中娓娓道來的不只是令專業工作者都嘆爲觀止的親職技巧，更爲彌足珍貴的是吳女士多年來作爲特殊兒家長所淬鍊出的獨特經驗都沉澱於此書，所以不僅能夠作爲父母親的讀本，也可以是專業工作者的隨身參考書。

除了「暴走小孩」，本書還有另外一個主體，就是父母親（或是照顧者）自身。無論如何關愛孩子，無論特殊兒的成長軌跡如何艱辛，只要時間往前進，總是會牽涉一個議題，就是父母及子女作爲分別獨立的個體，即便特殊兒的父母親再怎麼擔心孩子的問題與未來，孩子終究需要面對自己的人生，共生不能解決問題。孩子需要自己的空間，而父母親則需要回頭過來面對自己。無論如何掙扎、喘息、耗竭、感動，吳女士也提醒這些父母必須照顧自己，關照自己的情緒與人生。書中所提供的心理技巧與自我認識的方法，皆有深義，相信許多是吳女士個人的心路歷程與探索結晶。

很多母親及父親是孩子恰恰好的治療師，不必然是最好的。最好的治療師不見得能進入孩子的心中，母親與父親堅定而柔軟的身影卻是孩子眼中恰恰好的治療師，吳蕙名女士就是其中之一。而且她走得更遠更鏗鏘有力，爲我們開拓了另一片視野，守候著診間的我，有幸見證了一小段過程。緣於此，特別在所謂「專家」教養書充斥的年代，推薦本書。

《暴走小孩，淡定父母》是一本由母親與孩子的血淚所繪製的教養地圖，希望家長及專業工作者能夠利用本書，「尋向所誌，能復得路」，找到屬於自己、孩子與家庭的桃花源。

【推薦序二】

重新把握親職技巧的明確指引

賴英宏　臺北市東區特教資源中心資深情緒行為巡迴教師

說起我和《暴走小孩，淡定父母：與特殊孩子的情緒共舞》作者吳蕙名（Amanda）的緣分，還是要從花媽（人稱亞斯教母的卓惠珠女士）在板橋經營的租書店說起。

我和花媽開始熟起來，大約是二〇一一年左右吧！那時候花媽已經在租書店籌辦許多支持特殊需求學生家長的講座了。花媽因緣際會得知我在特殊教育領域的工作專長，恰巧就是處理特殊學生的情緒行為問題，便邀約我到她的店裡跟家長們分享如何在家中處理特殊孩子的種種行為問題。於是就在二〇一二年暑假後，我第一次在花媽的店裡，進行工作坊性質的家長親職能力成長課程（正向行為支持團體），聚焦在行為問題的系統性處遇技巧。這也是我個人利用公餘時段，積極協助家長提升親職技巧的開端。

在經過約一年的時間，有了兩、三個梯次與家長共同成長的經驗之後，發現了一個現象，讓我重新思考協助家長的角度。綜整了長期陪伴家長應對孩子行爲問題的歷程，發現似乎只有鼓勵家長維持「局外人」的心態，才比較有辦法靜下心來從旁觀的角度，系統性地分析出孩子的行爲問題及其行爲功能。事實上，當家長們在討論旁人的問題時通常還能維持相當效能，可充分運用理性分析並提出可行的策略建議。但只要輪到討論自己家中的情形時，往往在一瞬間理智線完全被情緒沖斷，以至於剛剛在討論中學到的技巧，可能只用得上兩、三成。雖然在事後靜下心來，大部分家長都知道該怎麼辦，但在事件當下要處理時，運用技巧的狀況卻是卡卡卡。

於是我向花媽提議，希望轉換協助家長的角度。先前想讓家長有能力解決孩子的「行爲問題」固然很重要，但是讓家長開始關注自己的「情緒樣態」並嘗試讓家長學習應對自己本身的情緒，顯然更是「有效處理」孩子行爲問題的最大前提。於是在花媽積極的支持及鼓勵下，我們開始進行提升家長對情緒理解及應對能力的課程，我和 Amanda 的認識，就是在我與家長們進行有關情緒理解及應對的團體互動討論中。

很榮幸的在與包含 Amanda 在內的諸多家長們，陸續討論到情緒對行爲的影響以及情緒應對處理的歷程等主題之後，我們終於共同逐步澄清了一些大家都同意很重要的觀點。當家長在面對孩子持續出現的行爲問題時，若能在心中常保這些觀點，將較有機會順利面對孩子的行爲問題：

- 家長本身把自己的情緒照顧好（情緒較淡定、穩定）生活品質才會好
- 家長情緒穩定才有機會協助孩子的情緒穩定
- 在個體的行爲問題出現之前通常情緒早就在醞釀了
- 面對行爲問題的第一時間要先應對情緒（引導個體情緒穩定）
- 個體情緒穩定之後才引導思考解決之道或處理問題

在《暴走小孩，淡定父母：與特殊孩子的情緒共舞》這本書之中，我個人特別喜歡其中針對不同強度的行爲問題層次，舉出了不同的因應策略，而且介紹因應策略之後總會附帶案例解說，務求清楚演繹出這些策略的實際應用樣態。對未必具有心理學背景知識的讀者而言，如果想要了解各種可以應對情緒行爲風暴的技巧，這就是可以按圖索驥的教戰手冊。Amanda 在本書中羅列的各項策略，不僅融滙了諸多的心理諮商理論及技巧，更用淺顯文字搭配生動例子，讓人讀來沒有生澀的學理壓力。各項技巧又常有分解步驟的說明或正反例對照，也讓讀者感到這些策略並沒有那麼難懂，更有意願去嘗試執行這些策略。這種邀約讀者一起做做看的努力安排，相信正是作者在細微處的用心，因爲這些與孩子情緒共

舞的策略，其實考驗的不是家長在閱讀後是否吸收到親職理論知識，更是看重在家長閱讀後，能否順利展現妥適的親職技能。

在參考這本密集介紹親職技能的書籍之後，讀者要如何彌補在閱讀後出現「口頭都知道，做卻做不到」的鴻溝呢？事實上說穿了不值錢，就是請大家平常多多練習這些策略操作，先選自己做得來的就好，不必要求一次把所有技能都做到位。不怕做不好但就怕沒練習，技能的學習，就是熟能生巧而已，烹飪如是、駕車如是、防災如是、親職技能亦如是。

誠如前面所提到的，家長要是能夠理解到自己的情緒狀況影響力，不只有助於家長本身的親職效能，更有助於孩子行爲問題後續發展，相信絕大部分家長都會盡可能地密集練習，以求淡定自己的情緒，並且在處理孩子行爲的策略上，朝正確方向改變。Amanda 這本書無疑提供了許多務實有效的技巧以及親身經歷的心得，可以讓許多正苦於不知如何應對孩子行爲問題的家長，免於重蹈此前許多家長們經歷過的盲目摸索及掙扎的煎熬。只要翻開書頁就可以立即找到直接可用的各種技巧和資源，協助自己也協助孩子面對情緒和行爲的風暴。

眞的非常高興，能夠在這親職外包趨勢依舊盛行的年代，有機會介紹這本書，透過作者自身的經歷及自省，從百般挫折甚至幾乎放棄的親子互動模式，逐步修復親子關係終至迎向更親密也更獨立的相互信任。且讓我們重拾對親職能力的重視吧！本書中提到各種有效的策略，在在都證明了唯有對親職效能的重新把握，才是爲特殊孩子提供最大助益的環境，而這本書恰巧就是重拾親職效能的明確索引。

【推薦序三】

愛的禮物

黎建球 輔仁大學前校長

在年輕的時候，因著社會的封閉，我完全不清楚某些同學的怪異表現到底是怎麼回事，連醫學、神經科學或精神醫學對他們也是束手無策。甚至到了我自己的小孩在讀國一時妥瑞症發發作，到台大醫院求診，大家也都不知道這是什麼問題。當時台大醫生告訴我，他在醫學雜誌上曾看到類似的症狀，在台灣好像只有長庚醫院某一位醫生在診斷類似的病症。儘管在八〇年代，台灣醫學已相當發達，但對於這樣的身心症幾乎沒有什麼認識，不但醫學研究闕如、政府沒有政策、健康教育研究貧乏、家長茫然無知，以致引發社會的不理解、學校教師的歧視、同儕們的攻擊，常常造成可憐孩子的身心受創，而產生了畏縮、自暴自棄、甚至更強烈的反社會行爲，連可憐的家長也深受其苦，手足無措。

經過二、三十年來身心醫學的進步，各種診斷器材的發展，甚至社會也變得較爲寬容，身心患者雖然可以得到更多的照顧，但那種錐心瀝血的歷程卻仍少爲外人所盡知。即便是有經驗的照顧者，也常因爲身心俱疲，自己的情緒面臨崩潰，甚至有了許多灰色的念頭，更別說患者個人的煎熬了，這種壓力也常使得夫妻失和、家庭破碎。

而這樣的狀況是怎樣產生的？除了因社會的開放、人際的複雜交流之外，人類生存環境和諧的破壞、中心價值的流失、教育文雅高尚理想的低落，以致於人生目標的缺乏明確性，在在都使「適意」成了「隨便」、「文雅」成了「古板」、「品德」成了「笑話」，加上基因改造、空氣與水的劇烈改變，使得我們每人內心所擁有的「天然平衡」都因上述的內外原因遭到破壞。因爲人的失衡而使得遺傳基因、適應能力、學習機制、成熟衡鑒、生存能量都必須加以調整甚至更易。當人的生存環境和人的內在起衝突時，孰者爲先？於是有的人能適應，有的人無法適應，差別也就油然而生了。而更不幸的是，「萬物之靈」人類任性地改變生存環境，卻常不負責任地不去或無法承擔劇烈改變的結果，甚至提不出解方，結果只好由受害者來承擔，來想方設法了。

本書《暴走小孩，淡定父母：與特殊孩子的情緒共舞》恐怕也是在這樣的心情下產生的吧？那種求救無門、身心俱疲，完全不知道下一步孩子會做什麼，隨時提心吊膽的不知道明天會發生什麼事的日子，非常折磨人。誰也想不到過去那一位「旁人眼中的女強人、擁有美國名校公共關係碩士學位、中國國家二級心理諮詢師證照、長期於外商擔任高階主管，並擔任過大學的客座教授及業師、企業講師等，一向自認長袖善舞、無所不能」的傑出女性，在患有身心症的孩子面前，卻成了一位「很不想回家，往往走到距離家門約五百公尺處，就感受到一股無法承受的阻力，巨大到讓我幾乎無法再往前跨出一步。孩子的脫序行徑把一向自信滿滿的我摧殘到信心全無，我開始質疑自己的能力，好像我現在做什麼都不對、什麼都不會做，跌得遍體麟傷，黔驢技窮。從此，茫然無助占據了我整個生活。」

這其實恐怕也是所有身心患者父母的心情，不但心情沮喪、無限的自哀，甚至到了後來可能連一點自我的尊嚴都消失了，更不要說勇敢地把這些故事說出來，甚至鼓勵有類似情況的父母大家聯合起來彼此支持努力。

看起來作者不但走出那些傷痛，更相信「慈悲的老天讓我明白天下沒有解決不了的難題，總在我快由懸崖邊摔落時，用各種方式給我支持，一步步帶領我、陪伴我。在十幾年的不懈努力下，我渡過了剛開始的恐慌期及摸索的撞牆期，總算發現了與孩子和平相處的方法，終於，我們母子開始可以慢慢地擁有快樂的親子時光。而這開啓幸福的關鍵性方法，就是『親子雙人舞』！」她還鼓勵「親愛的家長，讓我們一起加油、彼此打氣，共同走在陪伴特殊孩子及自我照顧的路上。」

我認識蕙名（Amanda）是她從上海帶孩子回來，參加輔仁大學「六年三班」同學會。我知道她的情況，常常有些討論，有的時候她也會帶她的孩子來參加同學會。第一次看到他時，安安靜靜，很注意大人的應對，我也會趁機詢問一些問題或和他聊聊他正在想的事情，看起來是一位頗有見地而有信心的孩子。今年九月 Amanda 告訴我孩子考上了他理想的大學，同時想住校，似乎孩子已到了改變的時候，想証明自己有能力可以開創自己的人生。看得出來，Amanda 的臉上寫滿了不捨，但也充滿了欣慰，慈母的光輝顯露無遺，我眞爲她高興，雖然未來可能還有些路要走，但看起來最艱辛的日子已經過去了，生命的喜悅將有增無已。

Amanda 的歷程似乎告訴我們，沒有走不下去的路，重點是你如何去走你必須走的路，似乎只有聆聽的心、謙虛的靈魂、敏銳的觀察、堅持的意志、不被打敗的堅持及從生命源頭發出的滿滿的愛，才是達成目的的方法。

【推薦序四】

你的想法，影響了你的情緒！

——念頭轉個彎，情緒才能轉變

張鴻玉　賽斯學派心靈輔導師、印度奧修元大學個案諮商師

許多年前，當我知道蕙名與她讀小學的兒子有了相當大的困擾時，就邀請她來參加我所帶領的身心靈團體工作坊。我的看法是，家庭中所發生的每一事件，都與整個家庭有關，更何況是有關孩子的教養與情緒。

記得當時，一臉黯然、兩眼無神的蕙名，無精打采地坐在團體之中。我明白，疲憊與絕望的她，對眼下這個課程，完全沒有期待。

我很心疼她的處境，心想：「身爲單親媽媽，挑戰本就不少了，加上她的個性好強，孤獨面對有情緒障礙的孩子，那份無奈與焦慮，早已讓她筋疲力竭了吧？」

課程結束後，原以爲不會再見到她。一段時間後，意外地，她出現了。蕙名原本就有深厚的心理學根柢，在積極投入學習後，她終於領悟到，生活中所有的挫折與不如意，全都與她嫌惡自己、對生命恐懼的心態有關，因此找到了改變自己的力量，開創出一條康莊大道。

蕙名從原本挫敗、憤怒、甚至幾度瀕臨崩潰的泥沼中脫身，在釐清並療癒了自己的情緒與傷痛後，短短幾年，就蛻變成爲指引其他人走出情緒障礙的一盞明燈。這種成功翻轉人生的歷程，讓我再次肯定生命的意義，那就是：「人世間所有的發生，都隱含著愛與善意，一切都是上蒼爲了人們更高的福祉而特別設計的功課。」

從事諮商工作近二十年，我常聽到人們在遭逢挫折與不如意時，對生命提出質疑：

「爲什麼是我？」

「爲什麼這種事會發生在我身上？」

「上蒼爲什麼要處罰我？」

「我究竟做錯了什麼？」

想要回應人間的苦痛，簡直令人詞窮。因爲再美好、再安慰人的話語，也無法讓身陷困境的當事人輕易釋懷。

回想五十歲之前的我，也曾在痛苦之中煎熬。當時的我縱然已經擁有許多財富，同時站上了自認爲還不錯的位置，卻絲毫感受不到安全與滿足，相反的，我依然活在一個充滿敵意的世界裡，幻想周遭的人都在嫉妒我、想要與我競爭，完全不了解這世界正是一面鏡子，我放眼所及、所感受到的困境，全都來自於我內心恐懼的投射。多年之後，我才了悟到，原來一切都是自己嚇自己。不斷用負面的思想催眠自己，久而久之，當然就信以爲眞了。

「身心靈的修練」的重點，就是要能「在自己的身上下功夫」。下什麼功夫？下功夫去覺察自己的起心動念。爲什麼需要這樣？因爲「一個念頭，生出一個世界啊！」

想想看啊，當你心中生出了一個美好的念頭，你自然會感覺輕鬆、愉快，於是就算遇到了困難，也能在黑暗中發現光明與希望；反之，當一個負面、悲觀的念頭出現時，擔心與畏懼的心情，當下就會使人落入晦暗與無明，接下來，無論如何也看不到生命的出口。一個人的念頭、想法，如此深切影響我們的情緒與命運，朋友們，我們怎能不花時間在自己的身上下功夫？

我們常說，小孩都是天使。當天使還是小娃娃時，眞是可愛極了。但隨著歲月成長，小孩開始意識到自己是一個獨立於父母之外的個體，於是有了自己的想法與意願，這時候，父母卻不安了，心想：「以前聽話、順從的小寶貝，怎麼變得搞怪、要叛逆了？」

父母雖然深愛小孩，但當父母的擔心過大，深恐小孩有可能會脫序，就會不斷施壓，堅持孩子應該順著自己主觀認定的價值行事。父母會要求小孩：「你就是要聽話、要按時間作息、要用功、要成大器、要別人看得起、要讓別人喜歡你、要在乎別人的看法、要有禮貌、要懂得禮讓、要懂得感恩、不要跟父母唱反調、不要和別人不一樣、不要有自己的意見、不要做那些沒意義的事、不要貪玩、不要說『不』……。」

我曾與太多所謂「問題小孩」或他們父母面談。値得欣慰的是，爲數不少的父母們最後終於願意承認：「原來，孩子會變成如此火爆與乖逆，確實與我自己的人生價值、教養態度有密切的關係。」他們感覺自己很幸運，因爲，若不是孩子呈現出異常的狀態，做父母的恐怕永遠都不會知道，他們用偏見與固執壓迫孩子，讓自己的人生與孩子都承受了莫大的壓力與傷害。因此，我非常肯定蕙名在書中所提示的：「要改善親子之間的關係，就要『親子雙人共舞』——情緒的掌控，不單單只是孩子的情緒，家長的情緒也要處理。」

蕙名的書分爲四大篇，內容相當專業。我希望讀者能重視蕙名所建議的「特殊小孩行爲的改變時間以『年』來計」，且應該「先安頓自己→再處理孩子→其他事最後處理」。

爲什麼？因爲羅馬並不是一天造成的，就算我們已明白該如何去掌控情緒，也未必能做得到。親子關係會走到今天，一定要有勇氣去回溯過往的「因」，因此，父母在一心希望孩子能穩定成長的同時，也要願意放手與學習改變自己的執念。相信所有的父母，都能夠在愛的指引之下，勇敢觀照自己、改變自己，爲自己與親愛的家人開創更幸福的人生。

在此，我也非常恭喜蕙名，她智慧與精采的大作，定能造福大眾，讓許多讀者受益。

【推薦序五】

特殊孩子的情緒特效藥

鄭家鐘 台新銀行文化藝術基金會董事長

我初認識本書作者吳蕙名（Amanda）的時候，她正處於情緒的低潮，對養育孩子充滿了挫折，我以我對特殊孩子的粗淺了解，並不足以給她這個案例太多有用的建議。

不過，我非常強調孩子的問題，主要原因之一往往是父母親求好心切、要求太高，這些希望投射出去後造成孩子的壓力，反而加重他的困難。這一點Amanda在書上寫得非常清楚，並根據她的實踐經驗，提供了很多打開孩子心結與深度改善關係的方法。我很認同她說的親子雙人舞，父母絕對要有意識地記住自己是教練，必須根據孩子的狀況，給予休息、調整的空間。而最重要的是：教練要站好自己的位置先調整自己。父母親的情緒，往往是孩子問題無法改善的源頭。

因此做好父母的心理定位最爲重要。我深深體會到，對孩子而言，父母的擔心比父母的信心大十倍。只要父母一放棄、一擔心，孩子要很久很久才能恢復，就算父母事後一而再、再而三的信心喊話、去挽回孩子，卻不一定拉得回來。Amanda 的親身體驗非常眞實。遇到家裡有特殊的孩子，父母功課非常多。作者提出了她親自經歷的問題及解決辦法，由於是親身體驗，她的分享自然有其參考性，値得讀者細細體會、活用。但必須注意的是，方法有時有效，有時一時未見效，但持續會有效；有時當下有效，但以後並不一定有效。人生的功課沒有標準答案。透過作者的經驗，父母可以借鏡，但能否改變孩子的人生，關鍵在於「心法」，即知道不斷修正與孩子共同面對問題的態度，要堅持「孩子沒有問題，是我們面對問題的態度出了問題！」

在第九章，作者提出規畫孩子的生涯計畫，我認爲非常重要。孩子不但不是問題，還要支持他自立生活，要堅定地走，「發揮優勢，平衡劣勢」的道路，父母必須讓孩子建立「面對挫折」的能力及「發展自我」的自信，而不是只在乎保護孩子、照顧孩子。沒有父母能夠照顧孩子一輩子，畢竟他最後必須自己走；即使是特殊孩子，也是如此。因此，父母教給孩子的，絕對遠超出「自我照顧及養活自己」而已，而是讓孩子有機會豐富其人生，自己找到生命力的泉源。我個人認爲，一定要有這樣的高度，才能帶領孩子走出困境，做好「生命教練」的工作。

總之，這本書對於親身養育特殊孩子的父母而言，非常具有參考性，也許某種程度也具有療癒性，尤其是當對孩子的情形產生挫折感時，看看這本書，就可以找到力量。

【推薦序六】

一個人的力量，可以很大

周玲玲 社團法人台灣靛藍天使協會創辦人、自閉症親子專家

凡走過必留下痕跡，凡用心者必有所獲。

勇敢智慧的蕙名，放下商場女強人的光環，獨力一人爲孩子付出一切，眞的令人讚嘆！而今又將此生命經驗化爲大愛分享，眞的感謝！

相信會有更多看完此書的家長老師孩子們受益。每一位教養特殊兒的父母都有一本血淚史，每一天都過得很不容易，一般人很難理解與體會這箇中甘苦。

蕙名以過來人的身分，將理論與她的經驗整合後，以最實際、最能夠實踐的方法分享給大家，相信這是所有家長的福音。

我很開心能有機會爲蕙名寫序，這是我的榮幸。

她曾經爲了孩子而孜孜不倦地努力學習，當自己走過後，又以服務行動回饋社會，讓同爲特殊兒家長的我們深深感動。蕙名一直爲社團法人台灣靛藍天使協會家長們服務與奉獻，我心懷感謝。

一個人的影響力可以很大，每一位爲特殊孩子而努力的家長請不要看輕了自己，我們可以創造更多的社會價值。

當然更感謝成就我們這些家長的孩子們，我們都叫他們寶貝。

我知道蕙名爲什麼出書。她的夢想是：因爲苦過你的苦，因爲路過你的路，希望大家藉著這本書，能學到一些和孩子相處的方法，可以不要再如此辛苦了，讓大家都能走出陰霾。

相信蕙名的書，將會影響更多的家庭，讓更多家長重新看待自己與孩子的情緒，運用書中的方法，幫助孩子，幫助自己，重建幸福健康的家庭生活，讓親子都擁有美好的未來！

獻上我最大的愛與祝福。

【作者序】

獻給勇敢又堅韌的你

這本書是獻給被老天挑選的，「既勇敢又堅韌」的特殊孩子家長。無論孩子是如何困擾你、讓你擔憂、憤怒、挫敗、哀痛、甚至是傷害你，你仍秉持著愛與包容的精神，奮不顧身勇往直前跨出舒適圈，重新學習、改變自己，持續地陪伴及努力，因而造就了另一個生命的無限可能！

我是個特殊孩子家長，單親，獨自扶養有情緒障礙的兒子，他同時被判定有注意力缺失症（ADD）、妥瑞症、疑似亞斯伯格症與強迫症四種障礙。複雜的是，他的症狀都不是典型的，所以問題處理起來難度更高，沒有人可以告訴我確實有效的方法，只能自己不斷地東試西試，即使，他已用藥並接受長期的心理諮商，仍有許多困難要面對。

兒子的症狀會不規律地單獨出現或數種同時出現，讓我不知所措。更讓我無法招架的是，他進入青春期後，一改小時候的天真可愛，天天把在學校憋住的怒火都發洩在我身上。我用盡各種辦法想改變他的脫序行爲，換來的卻是他動不動就用流氓一般的態度及口吻，對我比中指、罵髒話、恐嚇、用利器射我的房門、摔壞一堆家具……最嚴重時，警察不但三天兩頭上門關切，甚至還把我們通報社會局，這讓好強不服輸的我徹底崩潰。

之後，我變得很不想回家，往往走到距離家門約五百公尺處，就感受到一股無法承受的阻力，巨大到讓我幾乎無法再往前跨出一步。孩子的脫序行徑把一向自信滿滿的我摧殘到信心全無，我開始質疑自己的能力，好像我現在做什麼都不對、什麼都不會做，完全忘了我是旁人眼中的女強人、擁有美國名校公共關係碩士學位、中國國家二級心理諮詢師證照、長期擔任外商高階主管，並擔任過大學的客座教授及業師、企業講師等。

我一向自認長袖善舞、無所不能，卻沒想到在養育特殊孩子的路上，跌得遍體麟傷，黔驢技窮。從此，茫然無助占據了我整個生活。每次看到旁人笑談親子間的趣事，我都難過到說不出話來，因爲這些稀鬆平常的家庭生活，對我來說卻是多麼遙不可及；不要說根本笑不出來，如果能有一天不在煙硝味中渡過，我就謝天謝地了。我數度憤恨萬分地向老天抗議，爲何這麼不公平，爲什麼要給我一個這樣的小孩？我眞的好不甘心！

雖然心中充滿了憤慨委屈，但我就是無法丟下孩子不管。既然決定要管下去，那就得配備各式各樣的武器來應戰。自此我的人生開始大轉彎，過著和以前截然不同的生活：收起名牌珠寶、包包、禮服、高跟鞋，停掉定期的做臉、SPA、出國旅遊，於下班後換上休閒服、球鞋，將所有的空閒時間投入各種可能對孩子有幫助的課程上，我要趕快學會方法來救孩子。

我花了幾百萬的學費，在幾乎沒有周末假期中渡過十多年，盲目地到處求救，只要聽到任何可能幫助孩子的療法、書籍、課程或工作坊，我總是不計金錢與時間盡量去學習，反正只要能立刻停止孩子的脫序行爲，花多少錢我都願意！學習範疇由中西方的算命、風水、姓名學、卜卦、廟宇符水、通靈、前世今生等；到靈學、禪修、光、心理學、特殊教育、正向、激勵等身心靈方面的辦法，幾乎是知道的都試過了。我連考大學都沒這麼用功。

一學會了新技術，我立刻就用在兒子身上。但不知怎麼地，這些方法通常不是效果短暫，不然就是根本無效。我都已經這麼努力學習，卻彷彿白忙一場，再加上孩子每天還給我新挑戰，我眞的是生不如死。若你問我，是否曾想要放棄，我會斬釘截鐵地肯定回答：「是的！而且是很多次！」多少次，在心力交瘁萬念俱灰之際，我絕望到想乾脆自殺。總被稱爲女強人的我，從沒想過自己會有這麼悲慘落魄的一天……

能量耗盡時我只能將自己鎖在房間裡，抱著枕頭嚎啕大哭。但哭完了，擦乾眼淚，還是得繼續面對孩子的難題。在母性的驅使下，我即使用爬的，只要還有一口氣在，仍然選擇堅持下去。尤其，兒子的生命歷程中父親一直缺席，若我放棄了，他會很可憐。

所幸，慈悲的老天讓我明白天下沒有解決不了的難題，總在我快由懸崖邊摔落時，用各種方式給我支持，一步步帶領我、陪伴我。在十幾年的不懈努力下，我渡過了剛開始的恐慌期及摸索的撞牆期，總算發現了與孩子和平相處的方法，終於，我們母子開始可以慢慢地擁有快樂的親子時光。而這開啓幸福的關鍵性方法，就是「親子雙人舞」！

此刻，我才清楚地看到：原來，在教養特殊孩子時的最大兩個挑戰——情緒與問題行爲中，情緒是必須先處理的。只要能駕馭情緒，就有改變孩子行爲的可能性；反之，若不處理情緒，再多的技巧也無法令孩子進步。然而，這情緒的掌控，不單單只是孩子的情緒，還有我們家長的，因此我才稱之爲「親子雙人舞」。

在這本書中，我將重心放在親子雙方的情緒掌控上，結合親身經驗、多種心理學派、特教理論、身心靈療法，設計出專門給特殊孩子家庭使用的情緒急救帖。全書分爲四大部：〈一、陪伴特殊生的心理準備〉、〈二、與孩子的情緒共舞〉、〈三、家長也需要照顧〉、〈四、家長有什麼資源可以運用？〉。

此書同時兼顧家長與孩子的需求，前半部介紹父母在陪伴特殊小孩時的心理準備及省力的應對方法。在孩子動不動就發火時，家長應如何由先「急速凍結」自己當下的反應，事後再回頭處理自我的情緒、教育小孩，到同理心、良好親子關係的建立，以及運用情緒的氣象報告——情緒曲線，來幫助發飆的孩子返回平靜狀態等技巧，都有詳盡解說，更輔以範例說明，來協助家長跨越「知道卻做不到」的難關。並且，在每一節的最後面做重點提醒，我稱之爲「小太陽的悄悄話」，因爲每個生命的源頭都是充滿光與愛的小太陽。

特殊孩子問題行爲的改變時間多以「年」計，因此，家長該如何處理長期累積的壓力？建議在「先安頓自己→再處理孩子→其他事最後處置」的原則下，透過初階的轉換情緒及進階的釋放情緒急救法，如：人助、自助、天助、保持最佳親子距離，和家族系統排列等方法，來協助自己維持在心平氣和的狀態。

另外，許多家長發現孩子是竟然是特殊孩子時，多半會慌了手腳，因此我也整理了家長可以運用的許多資源。例如有結構地整合學校、介入計畫、社會資源、心理建設四方面的資源，來幫孩子架設安全空間的防護網，主動向周遭的人介紹孩子的特點，以獲得友善的環境，更別忘了要以孩子獨立自主爲目標，幫他規畫一生受用的生涯計畫。

走過這段路，我深刻地領悟到：一個人的能力有限，想改變，需要外力的協助！一路上若不是有許許多多的良師、益友、良醫、智者的協助與陪伴，給與我無條件的愛和支持，我不可能走到今天。除了親子關係改善了，能和最愛的寶貝擁有談心的快樂時光之外，生命中的其他關係也意外好轉了，而我自己的改變更是說不完：由驕傲、自大、無知、固執，轉變爲更謙卑、更臣服、更自在、更喜悅的人。

陪伴特殊小孩的世界浩瀚無涯，沒有一種方法可通用於所有孩子。但無須絕望，只要先有心理準備，橫豎就是花心思及長久的時間，來陪伴到底。孩子在不同年齡會面臨不一樣的困境，家長須跟著孩子的步伐，見招拆招地摸索前進，並以尊重、理解、愛與接納的態度來陪伴支持他。千萬不要因自己不是有效能的父母而自責，大家都是在跌跌撞撞中摸索，沒有一個人例外。建議大家可多參考別人的經驗，也許不見得可套用到自己孩子身上，但過來人的心路歷程，總是可提供安慰及啓發。

最後，要謝謝所有對我們母子伸過援手的人們，因爲太多了，所以無法一一列名感謝；還有，促成這本書面世的心靈工坊黃心宜主編，在她的專業引導下，才讓我能有條理地將所學分享出來。

親愛的家長，讓我們一起加油、彼此打氣，共同走在陪伴特殊孩子及自我照顧的路上。

帶著祝福與愛的吳蕙名 Amanda 敬上

PART 1

陪伴特殊孩子的心理準備

CHAPTER 1

親子雙人舞

從家長發動的雙人舞

許多人當了父母後，才發現自己不會做父母；而我則是發現自己的獨子是特殊孩子之後，才明瞭什麼是人生的痛楚、無助、茫然、忍耐、堅毅和臣服。不管孩子的天生限制或心智認知程度爲何，特殊孩子父母一定會面臨二大嚴峻的挑戰：孩子能力的補強，及如何讓親子都擁有平穩的情緒。而維持父母自身穩定的情緒，也就是「淡定」，將會是最大的考驗！

特殊孩子家長常處在筋疲力竭、挫敗無力的狀態，原因有很多。其中最主要的是，用盡所有的資源和力氣後，仍達不到心中期待而導致的絕望感。曾有位醫生告訴我，十個特殊小孩家長中，有九個罹患憂鬱症。老實說，面對身體長大、頭腦卻還沒長大的小孩，家長分分秒秒處於擔憂中，既要面對眼前狀況百出的孩子，還要憂慮孩子的未來，更無力照顧身心俱疲的自己，精神重荷不言而喻。

特殊孩子各自有其核心症狀，但共通的情形是在表達情緒上有困難，不知如何以社會規範能接受的方式來表示不適、不安、生氣、悲傷，只能本能地發脾氣、打人。同時他們又是地表最強的情緒感應器，只要一覺察到父母的情緒，就會不管三七二十一先以吵鬧來表達不安。這會挑起父母的怒火，這份怒氣又會將孩子的吵鬧加溫成暴走，而孩子的暴走更讓父母火冒三丈。在這樣的交互影響下，親子雙方每每一觸即發，家庭生活烏煙瘴氣，如此，談何教養、親密互動呢？

更糟的是，家長不只來不及滅孩子的火，也來不及安頓自己的低落，還要面對家人、親戚、朋友、外界排山倒海的誤解和指責，這些壓力往往讓家長覺得快要喘不過氣，進而自我懷疑。長期下來，家長越來越虛弱無力，但孩子的問題仍然層出不窮，這持續加重的壓力讓很多家長無助地想：「面對這樣窒息的困境，除了怨天尤人外，難道沒有別的方法嗎？」

但我堅信，人，生下來不是爲了要受苦，是爲了要體驗、學習、超越及成長的。所以，請家長們不要絕望，確實有方法可以處理這棘手的親子難題，而且是捷徑！

這方法就是：親子雙人舞。

原來，陪伴特殊孩子的過程就像親子在跳舞，父母扮演的是資深舞者（主動者）的角色，而孩子則是處於資淺舞者（被動者）的位置。資深舞者的功能是要引導、保護及持續地陪伴，讓舞伴以他的速度來熟悉新舞步，並耐著性子等待他學會，如此兩人才會有出色的演出。資深舞者的心態是接納的，與舞伴站在同一陣線，接受舞伴的特質及能力，而非站在舞伴的對立面，試圖操控。同時，資深舞者還要抱著平等、尊重、理解、隨時調整的心態，並時時覺察自己內心，因爲舞跳不好時，問題不見得出現在被動者身上，而可能是主動引導的人。

如果一直沒進度，有智慧的資深舞者會暫停練舞，回頭檢視是否需自我調整，或者換新策略來帶領舞伴，抑或乾脆改變舞碼來配合舞伴。想要跳出精彩的舞蹈，勢必要雙方同心協力，在同一軌道上各自努力，缺一不可。

更重要的是，居引導位置的資深舞者，也就是家長，必須擔任主要的動力來源，無論是心態上的轉化、或行爲習慣上的更動，都是如此。

特殊孩子天生的學習、調整能力差，仰賴環境及照顧者提供的資源和支持，才「有機會」成長，這些轉變往往需以「年」爲單位的陪伴，才看得到效果。所以若想有效補強孩子的能力、改善不良行爲，一定要周遭環境及父母師長願意先修正並給予轉變的空間。換句話說，就是要和孩子站在同一邊，並用他的速度來共舞。

但忙碌又無力的家長，雖然也想耐心陪伴，卻往往心有餘力而力不足。「明明是孩子造成我的困擾，有問題的是他、不是我，爲什麼要我先改變？」

我以前也是這麼想，因此固執地把所有心力都放在改變孩子身上。但長期高壓管教下，我兒子得了憂鬱症。當他開始吃抗憂鬱藥，我被劇烈的自責和內疚猛力鞭打，陷入鋪天蓋地的巨大驚恐中，最後被診斷爲恐慌症。這診斷猶如青天霹靂！此時我痛定思痛，因爲這些事實在在告訴我，以前的管教策略徹底失敗！我只好不甘願地將重心移轉到自己身上，開始修正心態及行爲。

這時我才發現，父母的行爲會直接影響孩子，尤其是特殊孩子，他們會百分之百複製父母的一言一行，而彼此的情緒更是相互牽動。所以當家長做不到「淡定」、情緒爆表時，孩子也跟著劍拔弩張，此時即使家長學過再多的特教專業知識，也完全無效！所以

「情緒」是成功教養特殊孩子最重要的必修課。父母在沉穩之中，才可能將經驗與智慧發揮到極大化，產出更多的創意來和孩子互動。只要握著「平穩情緒」這把尚方寶劍，就可過關斬將地成功陪伴特殊孩子，假以時日，說不定還能看到孩子進步；萬一孩子沒有能力上的進展，至少親子擁有甜密的相處時光，而不是令人痛心的爭吵記憶。

此時，我深刻地體悟到，特殊孩子的父母需要做大幅的心理建設，才能不因慌亂而一股腦地投入矯正治療中，卻忽略了要先調理孩子與自己的情緒。

「老天不會給你承擔不起的責任。」我相信每個有特殊孩子的家庭，都能從掌握情緒開始，找到親子和平相處、共同提攜的方法。

小太陽悄悄話

「情緒」是成功教養特殊小孩最重要的關鍵，做不到淡定，就不用談後續的行為糾正和能力提升了。建議家長用接納、同一陣線的立場，及平等、尊重、理解、服務、隨時調整的彈性心態來與特殊孩子共舞，如此，必會跳出令人刮目相看的精彩親子生命舞碼。

父母先做好心理建設

孩子接二連三吵鬧暴走，再有耐心的父母也會發脾氣。然而，人在盛怒下會跳過理智，直接以情緒反應，這時所做的決定或行爲大多是錯的，更不可能從根本矯正孩子的問題。好比灌滿氣的游泳圈必須先放氣才能折疊，否則游泳圈會爆開。唯有先讓自己維持平穩，不跟隨孩子的情緒起伏，才能讓父母辛苦所學的知識和教養技巧發揮效能。

【情境】

大雄是有身心障礙的特殊孩子，常因小事大發雷霆。例如，在路上被行人撞到，便立刻對媽媽發脾氣，激動地指責那路人故意撞他，越說越氣，甚至想衝回去毆打那人，被爸爸硬拉住才停止。或者是喝水時自己沒拿好杯子，水濺出來，也會狂罵三字經，一罵就是十分鐘。家人一起出門，妹妹先換好鞋站在玄關等，大雄見狀就嚴厲斥責，說妹妹把家裡弄髒，劈哩叭啦爆出一連串咒罵，直到媽媽也發飆、伸手作勢打人，大雄才不甘願地住嘴。

爸媽為此傷透腦筋，不懂大雄內心為何總是布滿地雷，家人每天提心吊膽，不知該如何與他相處，就怕不小心又得罪了他。爸媽更擔心，若他在學校也這樣亂發脾氣，勢必令老師同學困擾，進而排斥他，那他將來該怎麼辦？

【對策】心理建設四要點

孩子問題行為的成因，不外乎生理、心理和環境。在生理上，可分為先天症狀的長期因素，及短期的身體不適，像是沒睡飽、牙痛、過敏等原因。心理方面，可能有不安全感、焦慮、自卑、恐懼、挫折忍受力低、不被接納或被誤解等。環境上的導因，有來自於天氣、光線、溫度、溼度等自然因素，空間規畫、設備配置等硬體布局，及周遭人的說話互動技巧、活動安排等軟體因素。其行為目的，則分成「獲得想要的」和「逃避不想要的」兩種。

特殊孩子大多表達不良、自我控制力差，經常透過肢體來表達內心翻攪的情緒，傷人或自傷的情況很常見。因此，在面對情緒燃點超低的特殊孩子時，家長要特別注意他的壓力臨界點，是否已快到爆炸的狀態。萬一孩子發飆了，代表他的情緒已到沸點，這時任何說理、訓斥、教育都無效。記住！當他情緒上來時，所有應對都須以雙方的「安全」爲最高指導原則。

爲了能長久陪伴特殊孩子，家長得先做好下列心理建設來強壯自己，因爲當家長承受不了而倒下時，孩子就會失去唯一能夠保護他們的天空。

1. **父母先願意調整**
2. **放下高標準**
3. **找到有效的管教方法才是治本**
4. **提醒自己孩子不是故意的**

【做法】

1. 父母先願意調整

特殊孩子的家長即使萬般不願意，仍須承認一個事實：自己的孩子就是和一般小孩不同，不能以自己的成長模式或社會規範來要求他。特殊孩子有天生限制，許多事不是他不願意做，而是他不能、做不到。所以，比孩子擁有更多經驗及能力的父母，應先調整改變。當父母願意站在特殊孩子的能力高度上，用孩子接收得到的方式一步步緩慢引導他，才能有效協助孩子成長。

在親子雙人舞中，自我掌控力較強的資深舞者（家長）理應要引導資淺舞者（孩子）；因此，父母須於適當時機點、以適當頻率、適當口吻語氣來引導孩子（詳見第三章），如此一來，改變行爲的策略才會奏效。如果期待孩子主動改變，通常希望很渺茫。家長須先走出舒適圈，捨棄慣用方法，以再學習的策略來陪伴孩子，這是在衆多不得已的項目中最好的抉擇。

2.放下高標準

華人社會的父母，經常以孩子的成敗來衡量自己爲人父母的價值，或是期望孩子完成自己未竟的夢想。這種期待對一般孩子來說已是負擔，更何況是有許多能力限制的特殊孩子！孩子是獨立個體，不是家長的成績單，父母可以生下他的身體，卻無法掌控他的靈魂及人生軌道。身爲家長，能做的就是盡最大能力支持和陪伴孩子罷了。

由於孩子是如此特殊，家長不能以對一般孩子的標準來期望他，更忌諱望子成龍、望女成鳳。對特殊孩子，只要期望他平安健康就好，否則雙方將永遠陷入達不到的高標準中，白白耗竭能量。不過各位家長別灰心，孩子並非永遠無法改變，只是學習速度非常慢，往往需要一年以上的時間才看得到些微進步，所以請家長們再多一些耐心。

3. 找到有效的管教方法才是治本

特殊孩子常會透過問題行爲來表達某種需求，當這需求被滿足，該行爲自然消失。然而，家長往往因身心俱疲而難以深入察覺眞正需求，或爲了讓自己先暫時輕鬆、想立刻解決混亂而不願先探尋問題的源頭，以威逼方式強壓下他的脫序行爲。但如此一來，孩子就算不再吵鬧，也只是暫時的，他的需求沒有得到滿足，往後必定有更強烈的反擊，那時候處理起來會更麻煩。建議家長不如在孩子還小時，就多花些心力找出有效的應對方式，才可一勞永逸。就像打地基，非常辛苦又費時，但若打得紮實，就會擁有屹立百年的好房子。

請先回頭檢視目前的教養方式。如果教了上百次，孩子還是依然故我，這代表現在的策略失敗。既然這方法沒有用，爲何還要繼續堅持使用？

例如，孩子經常發脾氣或打人，家長每次都以打罵方式制止，卻只收暫時之效。這意味，或許家長過不了自己心中憤怒的城牆，本能地將心中累積的不快丟還給孩子。此刻，家長只是在「發洩」情緒，完全遠離教育的目的，因此功效不會長久。

成功的教育必須在適才適性的原則下進行。教養情緒超敏感的特殊孩子，家長首要之務就是先穩住自己的情緒。在雙方都不發怒的前提下，才可能有效運用策略糾正孩子的不當行爲。新策略使用幾次後，家長須觀察效果如何，倘若成效不彰，就要換別的方法。再不行，還可諮詢學校老師、醫療專業人員及其他家長。每個孩子的核心限制都不同，因而難有共通的管教策略，家長須不斷嘗試，才會找到合適自己孩子的獨特方法。

4. 提醒自己孩子不是故意的

孩子長期的脫序行爲是父母沉重的負荷，即使初期能耐心應對，但時間一久、次數一多，自然會失去耐性，難免怨懟發火。這是人之常情，不需自責，但面對如此特殊的孩子，父母須時時自我提醒，同時互相提醒：「孩子闖禍不是故意的！」如此才能跳脫委屈心態，以理性對待孩子、包容孩子。試想，當你急著趕路時被一位視障者擋住去路，通常會怎麼做？常人會出於理解他的困難而設法繞過，或是耐著性子跟在後面慢慢走。家長在教養特殊孩子時也要用同樣的思維，明白他是因天生限制做不到，而非故意搞破壞、跟爸媽作對。「接納」是家長需調整的首要目標，接受孩子只懂得以鬧脾氣或打人的方式來表達情緒。

許多家長覺得使用特殊的應對策略很累、很費事，我非常了解這樣的心情。但爲了長遠的未來，我們不得不配合孩子的特殊性，刻意繞個彎用他感到舒服的方式來互動。

從孩子的角度來看，他也過得很辛苦，尤其是有輕度限制的孩子。因外表與常人無異，有的還長得極帥氣，不熟的人一時間不容易看出他的障礙，所以他們常被誤認爲性格幼稚、教養差、白目、有怪癖、不負責任。如果連家長都不願包容自己的孩子，那還有誰願意接受他？還記得小時候的自己，是多渴望能被父母看見和讚賞嗎？即使是特殊孩子，也有同樣的渴求，正盼望著父母的接納！

有了這些心理建設後，家長便能從容管理自己的情緒，才較有機會以淡定的態度來陪伴孩子。

小太陽悄悄話

想要成功教養特殊孩子，父母得先在心理上打預防針，以調適出較佳的應對態度，在願意先調整、放下高標準的心態、搭配孩子不是故意的認知、及有效的管教方法，就可慢慢開啟快樂的親子生活。

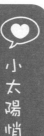

【專欄】

前方已經露出曙光

我先自首，以前我總用高壓強制的手段來管教孩子，背後動機隱藏著自己對兒子深深的期待，希望他有出色的表現，讓前夫看到，縱使兒子沒有父親的教導，仍然十分優秀，並想以這點來證明自己是個很棒的母親。然而，我完全沒意識到，自己尚未走出離婚的傷痛，才會在一團混亂中不斷對兒子施壓。現在想起來，依然感到愧疚萬分，我，竟然也是霸凌兒子的成員之一……

如今，我覺醒了！明瞭要尊重孩子的天性，願意努力彌補他，在兒子的心智年齡及能力範圍內，盡可能耐心地引導他、支持他、愛他，讓他做能做的事，並協助他發揮天賦。雖然，有時在身心狀態還沒準備好時，可能又會暈了頭而開始逼迫他；但我現在很快就會覺察到並迅速調整回來，最棒的一點是不自責。畢竟我不是聖人，要改變幾十年的習性需要時間及持續不斷的練習。我相信，在一次次有覺知的改變下，會越做越好。

「我也想保持淡定，但他每次回嘴都準準踩到我的痛腳，眞是氣死了！而我一氣起來就無法控制，伸手就是一巴掌，事後都後悔不已，我眞不希望自己這樣……」我常聽個案的家長們如此懊悔又困惑地說。

這都是過程，我以前也是如此，總搞不懂為何老和孩子兵戎相見，明明我那麼愛他。經過十幾年的成長課程和療癒，我才明瞭，是孩子的行為引發出我過往的傷痛，讓自己陷入沒被治癒的痛苦中。我的憤恨、悲痛、恐懼、孤單、無力、絕望，都在面對這些舊傷時一一浮現，孩子的脫序行為只是導火線。是我，誤以為這麼多沉重的情緒都是孩子造成的，才會把所有負面感受一股腦兒全丟在他身上。

事實上，眞正要先處理的人，是我！過去的創傷，才是我負面情緒的源頭，如果沒有傷口，撒再多鹽也不會痛，我才是那個要為自己情緒負責的人！孩子只是無辜的受害者，成了我怪罪的對象。到現在我仍不斷亡羊補牢，奮力去彌補被我搞得歪七扭八的兒子。所幸，前方已經露出曙光……

PART 2

與孩子的情緒共舞

CHAPTER 2

輕颸過境：當孩子發飆

父母先控制脾氣

家長在平穩心態下，才會讓教養眞正成功，因此，於親子衝突時，須秉持「安全」的最高處理原則，要先控制住自己的怒火。就像遇到火災時，第一件事就是滅火，停止損失，之後再來探究原因責任。父母先息怒，才有辦法去接納孩子感受。

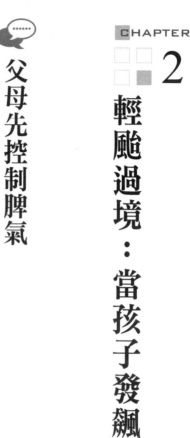

【對策】安全至上，先熄火！

家長如何讓自己先息怒，首要之務就是先「急速凍結」自己當下的反應感受，暫且不要去論斷對錯或教育孩子、回應孩子，等孩子情緒慢慢緩和下來，再回頭處理自己被壓抑的情緒以及和小孩討論這次衝突的事件。

「停格」和「慢動作」，是成功熄火的關鍵。

【做法】

特殊孩子家庭的親子互動很像在打壁球，父母用多少力出去，球就會以相同的力量彈回來，回彈的力道完全取決於家長的情緒強度。父母越生氣，孩子的反擊就越強烈，他不會管父母是多辛苦多無助，只會聚焦在父母的情緒上。換言之，家長的情緒反應是影響孩子情緒強度的重要原因。因此，家長若能先淡定，就能有效降低孩子發脾氣的強度和頻率。

然而要淡定，對筋疲力竭的家長來說可是個大挑戰！每天在生活壓力下已忙到疲憊萬分，還要面對孩子不定時的莫名發飆，一般人都會想要「立刻」結束孩子的吵鬧，本能地以嚴厲斥責來制止。但這只是治標，並未處理根本原因。孩子接下來的反應，不是因需求沒被滿足又挨罵而更發火，就是用別的方式繼續尋求滿足，一如肚子餓時，若要不到飯吃，就改要麵條，吃不到麵就改換餅乾，直到不再飢餓為止。

此外，這些孩子在發飆時，耳朵是完全關上的，他聽不進去父母說的任何一個字，只關注父母的高昂情緒並隨之起舞。這現象可解釋，無論家長學了再多專業技巧，只要情緒一冒出來，就完全派不上用場，因爲此時的親子互動是停留在「情緒」的軌道上。由此可見，家長能維持在平穩狀態，是件多麼重要的事。

我訓練自己暫停怒火，曾採用過下列幾種方式：

1. 大口吐氣

一覺察喉頭緊縮、胃糾結在一起、全身肌肉變緊、嘴巴緊閉、呼吸短促、有股熱氣直冒上來，顯示身體已在拉警報了，此刻，若沒意識到自己已經生氣，下一秒怒火便自動地爆發出來。當意識到時，可以刻意地大大吸一口氣，再用力吐氣，同時發出「哈——」的長音，這樣來回做幾次，直到身體緊縮部分開始放鬆，怒氣也會隨之減輕；或深吸一口氣，然後憋氣，心中默念1到10，再緩緩吐氣，透過這樣的肌肉放鬆來降低憤怒的程度。

雖然，這樣強力介入不舒服，但換來的是讓自己保持理智狀態；這也是很棒的身教，讓不易同理別人情緒、想法的特殊孩子，透過模仿父母舉止，做到妥善處理自己的情緒，親子同時訓練學習，可一舉兩得。

2. 祈禱

如果有宗教信仰，可呼求信賴的神明協助，會獲得意想不到的轉化效果。例如有個案主是虔誠的佛教徒，我教她試著在怒氣爆發前瞬間，從腦海中發出一個意念：「觀世音菩薩，幫我！」不久，她回饋說，自從這樣做了以後，她的怒氣竟不可思議地快速消失，心也淡定許多。

3. 想像他是別人的孩子

對自己的骨肉，多少都會有些期待，在長時間努力督促後仍推不動孩子，家長會焦慮生氣是很自然的。因此，若在快要發怒時把他想像成別人的小孩，拉開心理距離，就會不這麼焦躁了，火氣也跟著下降不少，難怪長輩常說要易子而教。當我覺察到自己很不耐煩、快發脾氣時，趕緊用這方法，沒想到，兒子因我沒發飆，就真的乖乖照指令行事！

4. 離開現場

若做不到上述幾點，還有一招，在感覺快生氣時，想像嘴巴有條拉鍊，用成年人的意志力拉上拉鍊——閉嘴，然後馬上離開現場，去廚房倒水喝，還是躲回房間，或乾脆出門都好。總之，離開就對了！雖然在孩子盛怒時離開現場，可能會讓他有種被遺棄的感覺，但總比兩敗俱傷好。先過這一關，後續的修復等雙方都冷靜下來再說。

以上，是我用過最不費力又可迅速讓怒氣降溫的方式。建議讀者們也可以想想其他的創意方法，只要符合「做得到」又能「立即阻止」親子火氣往上飆升的原則，任何方法都行。

以我自己為例，假使真的做不到淡定，我的絕招是用快失控前的最後一份理智，強迫自己「急速凍結」情緒。當然，兒子仍不斷叫囂挑釁，我便強迫自己關上耳朵、眼神放空、面無表情地進入神遊境界，回想昨晚連續劇的情節，盡可能忽略他所說的難聽話。

萬一，還是不小心聽見他不堪入耳的怒語，以至讓心中蠢蠢欲動的火氣瞬間變大時，我的第二絕招是快速塞「耳塞」，堵住他強勢的聲波，並把他的聲音想像成屋外的狂風暴雨聲。在不回應、不離開現場的情況下，他累了，自然會停止謾罵，大約二十分鐘到半小時便可結束這場風暴。這策略大大減緩我們母子衝突的強度和次數。

接著，我會在雙方都心平氣和時與他討論，若他下次生氣時，該如何發洩怒氣，例如：打沙發、用軟棒打牆壁、蒙在棉被中大叫、跑步……慢慢將他的行爲引導到社會可接受的範疇內。一次教不會，就教第二次，內心給自己的提醒是教一千次。所以，每當覺察到自己快耐不住性子時，就告訴自己，只要再教幾次就會了，就這樣，一面計算著次數、一面安撫自己煩躁的心。

小太陽悄悄話

家長能先「凍結」住自己高漲的情緒，等於為彼此爭取更多的情緒轉圜時空，就可避開兩敗俱傷的情緒風暴。事後，再抽絲剝繭釐清雙方情緒，以找出下次在處理類似事件的成功關鍵點。

說對話，孩子就會熄火

爲何孩子動不動就發脾氣？世界上沒有人愛動怒，即使是特殊孩子，因爲，生氣是很不舒服的。

特殊孩子在某些方面的感知很遲鈍，或根本感受不到，是天生的理解力不佳，因而導致溝通不良。他因常被誤解且又沒能力陳述清楚而感到挫折，只能找讓他有安全感的父母，來發洩長期積壓的委屈、說不出的憎恨和羞愧。不過，他的方式往往讓人難以承受，況且，沒有任何人可當別人一輩子的情緒垃圾桶。當父母開始表達無法接受他的情緒時，孩子會不自覺地越發傾全力將所有憤怒發洩在家長身上；這時，倘若家長自己也沒能量妥善應對，親子雙方就可能陷入嚴重的情緒風暴中。

事實上，特殊孩子並不是要任性、放縱自己生氣，只是藉由憤怒形式來和父母溝通；尤其是自閉症孩童，溝通方式更是與一般人不同。重點是，當孩子丟出情緒的球後，家長能否正確地接住？還是認爲孩子是刻意來搗亂？不同的解讀會產生不一樣的對待態度：如果家長用負向角度來解讀孩子的心，孩子就永遠呈現出負向的樣貌；倘若父母能正向地解讀、正向地安撫，孩子就會開始學習正向的表達。

【對策】用「同理心」來「說對話」

想要接住特殊孩子的情緒球，最快的方法就是用「同理心」來和他互動，換言之，就是看懂他的感受，讓他知道自己是被了解、被接納。這樣他就不會越來越火大，甚至可以緩和情緒強度。同理心，是熄滅孩子怒火的最佳利器。

但家長往往因爲太愛孩子而捨不得他受苦，只要他一發脾氣或苦惱著來求救，就彷彿變身自動導航系統，開始想幫孩子解決問題，沒意識到孩子眞正需要的是被傾聽，更沒察覺到敏感又總被誤解的特殊孩子，對於自己不被了解的反應比一般人強烈很多。所以，家長用錯策略，會讓彼此都很挫敗。其實，家長只要改變說話的態度，孩子就跟著不同了！

此時，「積極聆聽」可讓孩子迅速消滅火氣。因爲，這代表父母懂他的心、關心並接受他的感覺，能滿足隱藏在孩子生氣背後的傾聽需求。若做不到積極聆聽，也可用保持沉默的「消極聆聽」來表達接納，透過這非語言的訊息，讓他感受到已被接受。當家長能包容孩子的負面情緒、體諒並允許他可以沮喪後，孩子會感到舒服而覺得和父母很麻吉，自然願意配合教導，如此就能讓教養更輕鬆了。另一方面，父母看懂孩子行爲背後的情緒之後，會更寬容孩子的脫序行爲，自己的情緒自然更淡定。

【做法】

同理孩子，可依狀況選用「積極聆聽」或「消極聆聽」的對待態度。

1. 積極聆聽

這個方法可迅速搭建親子間良好的關係橋樑，不過有些細節需要注意：

A. 先「**傾聽**」，**也就是去讀懂孩子的心，進到他的感覺中**

首先，要做的是專心看著孩子，認眞聽他說話，不插嘴，即便他是錯的。

B. **觀察他的肢體語言**

包括姿勢、表情、語氣、眼神，是否與他描述的內容一致，才能發現孩子眞正的情緒。特殊孩子常常辭不達意，明明在抱怨很生氣的事，但臉上卻掛著微笑，這時，就要去區辨他內在的情緒是生氣？還是害怕自己生氣？或是其他？當他說的話和肢體語言矛盾時，建議去相信非語言部分所傳遞出來的訊息。

C. **幫孩子說出他現在的情緒和想法**

如果推斷不出孩子的想法，就描述他正在做的動作。這用意是告訴孩子，我了解你，我和你站在同一陣線上；另外，也是教他認識及表達自己的情緒，此方法尤其適用於中、重度的自閉兒。

在說出小孩此刻的情緒想法，須留意以下七點：

（1）用積極聆聽的回應句型：不同認知程度的孩子，因理解力的落差需用不同方式來表達同理心。

★對認知能力強的特殊孩子（如亞斯伯格症、過動症、妥瑞症）

以平穩語氣重述或轉換孩子所說的話，僅僅是鸚鵡式地重複他的話，不用思考他講了什麼，只要說對了，他的情緒就會平穩下來。

積極聆聽的句型可用下列說法來起頭：

你覺得……（重述或轉換他的話）

我聽到你說……

你的意思是……

你是因爲……

是不是可能……

你好像……

家長可以以這些字眼來核對他的感受。例如：

孩子：「為什麼做人要這麼虛偽，都要戴面具！」

媽媽：「人與人之間本來就應保持一些彈性距離，較不傷和氣。」×【教育】

媽媽：「你覺得他們都不誠實，好假。」○【想法】

孩子：「對啊！」

★**對認知能力弱的特殊孩子**（如中、重度的自閉症及智能障礙）

直接用「肯定句」，將孩子傳達出的訊息和感受說出來，比如：「好吵！好難過！」這樣就能緩和他的情緒。倘若用了問句：「很難過對不對？」孩子會哭得更大聲，因爲他覺得情緒沒被理解而更沮喪。

（2）**不要否定孩子的感覺想法**。重點是要說出「孩子」的感覺或想法，不是家長的。例如：

觸覺敏感的孩子被路人不小心碰到，想衝去打路人。

媽媽：「哎呀！輕輕碰一下有什麼關係。」╳【這是同理家長自己而非孩子】

媽媽：「你被碰到了。」╳【事實】

媽媽：「你被碰得很不舒服。」◯【感覺】

媽媽：「你痛得想打他。」◯【想法】

孩子：「對啊！痛死了！」

（3）**把情緒轉換成語言**。特殊孩子往往不太能正確表達自己當下的情緒，尤其，沒口語（指話說不出來）的自閉兒童，更是常常使用肢體語言來表示情緒。例如：

全家都已上車準備外出，媽媽要拖拉許久還沒上車的大雄一分鐘內上車，不然就留在家裡。聽到這話，還沒穿鞋襪的大雄立刻在玄關大吼大叫。

媽媽：「叫什麼叫，都等你半個小時了。」╳【反應】

媽媽：「好急，媽媽幫你。」◯【同理，適合重度的特殊孩子】

媽媽：「你是不是覺得好急，時間不夠用了。」◯【同理，核對他的想法，適合輕度的特殊孩子】

孩子愣了一下：「對啊！」同時也就安靜下來。

（4）同理孩子現在、此時此刻的感覺想法。例如：

大雄哭著回家。

媽媽：「你晚上要吃排骨還是雞腿？」×【想轉移注意，但沒有同理】

媽媽：「你覺得很傷心。」〇【同理，適合輕度的特殊孩子】

媽媽：「大雄傷心。」〇【同理，適合重度的特殊孩子】

（5）不要批評及建議，這會讓孩子難以思考自己的問題或負起責任。例如：

孩子：「糟了！我的筆不見了。」

媽媽：「又來了，你到底要丟幾支筆？」×【批評】

媽媽：「下次用完筆要立刻收到鉛筆盒中，已經講很多次了！」×【建議】

媽媽：「你找不到筆很著急。」〇【同理】

（6）說錯孩子情緒而讓他更火大，或是他拒絕父母同理時，最好順著他、靜靜地接受。

例如：

孩子一回家就把書包往地上用力一摜。

媽媽：「你好像在學校過得不開心，是嗎？」【媽媽可能沒抓到重點】

孩子：「不要再講了！」【拒絕】

媽媽：「我是怎麼教你和大人說話的？」×【批評】

媽媽：「好，你想說的時候，再告訴我。」媽媽安靜離開。○【順著他】

（7）**孩子在分享想法時，不要趁機教育**，這樣他會覺得父母很無趣，而關上溝通大門，家長不知其中緣由，還很疑惑爲何小孩都不和自己說話。

執行上述七點時，有個極重要的概念，那就是家長在和孩子說話的同時，也要分心來傾聽自己的話，以分辨出自己正用哪種方式來說話。

D. 留意身體反應。

人天生可感知對方的情緒，在和生氣的人互動時，身體也會感受到壓力及緊繃，有學者認爲這現象是「生理同步」。因此，當孩子表達不出眞正感覺時，家長或許可透過此刻的身體感知，來推論他的情緒狀態。

同理完孩子後，可以問他需要父母幫什麼忙，說不定，這時他已沒事了。

記住！孩子眞正想要的是父母能感受到他的沮喪，因此，同理的重點是讓孩子知道，父母了解他、懂他的感覺，父母不需急著表達自己的感覺或下指導棋。

2. 消極聆聽

當孩子的行爲干擾不多時，可用消極聆聽來表達接納。消極聆聽的態度就是不說話、用關心的眼神、適時的點頭、體諒接納他的沮喪。尤其，自閉症的孩子有時會自顧自地說個不停，家長只要默默地專注看著他並適時點頭，就可給他需要的支持。或許，這樣還可讓他專心思考問題，靠自己的力量解決難題。

大部分的特殊孩子內心是自卑的，原因很多，一部分是來自照顧者不恰當的對待。有的家長不太了解特殊孩子的天生限制，而根據自己的標準及期待，拚命地想把他「教育」成一般孩子；殊不知，在糾正的同時，也間接告訴孩子，他是不被接納、不夠好、不值得的。因此，當家長在同理孩子時，也等同讓他知道，父母是接受他、愛他的。所以，多多同理孩子，不但可澆熄他的怒火，還能提升他的自信及改善親子關係，一舉數得！

初學任何新技巧，都會覺得不太順手，使不太出來。下文會說明運用同理心常遇到的疑問及其解答。

小太陽悄悄話

改善惡劣親子關係的關鍵點在「同理心」，同理可贏得孩子的信任，對於慣於黑白分明二分法的特殊孩子來說，更是拉近親子關係的最佳方式。

同理心的成功關鍵

同理心，既可緩和孩子的怒火、又可拉近親子心理距離，但卻有父母不願意做或做不來。常有家長向我反應：「做錯事的是孩子，爲何我要同理他？」、「就算我可以包容他的行爲，可是外人不會，我去同理孩子時，會讓他誤以爲他的行爲是被允許的，這不等於在害他？」、「我都照著方法做，但孩子還是繼續發飆，問題到底出在哪裡？」

該如何解決這些困擾呢？

【對策】同理心五大原則

同理心能否發揮強大力量，以下五點是關鍵：

1. 同理是指接納孩子的情緒，並非贊成他的行為

2. 換位思考

3. 用溫柔堅定公式來照顧雙方的想法感受

4. 耐心回應孩子重複跳針似的抱怨

5. **被孩子誤解時，要使用正確的說話順序**

這五個關鍵點相互呼應且可交叉運用。

【做法】

1. 同理是指接納孩子的情緒，並非贊成他的行為

很多人不願意同理孩子，是誤認這麼做是「同意」孩子的歪理或不良行爲。如果這樣想，誤會可就大了。同理是指願意接納他的情緒，並不代表同意他亂發脾氣或頂嘴、搞破壞；家長只須說出孩子當下的情緒，亦即僅是傳遞「我懂你此時此刻的心情」給孩子而已。

若家長堅持不同理孩子，生來有許多限制的特殊孩子就會「卡住」，親子只能在原處僵持，什麼都做不了——此時，家長不正和孩子做同樣的行爲嗎？如果家長願意說出感受到的孩子情緒，等於告訴孩子：我們是同一國的，我了解你現在想什麼。如此一來，他才有移動的可能性。另一方面，家長也無形中給了天生不太會自我表達的孩子一個良好示範，

讓他有機會學習如何適切地向別人傳達自己的心情，而非只會以吵鬧來表達不適感受。例如：

大雄在路上被人擦撞，覺得路人故意撞他，他被不公平對待，本能地想以暴力回應。這時，父母可以說：「你很生氣【同理孩子的心情】，是不是因為你覺得他是故意撞你的【核對孩子的想法】。」多數孩子聽完後，通常會因被理解而平息怒火。

有時，孩子發飆只是表達他當下不舒服的心情，並不需要你幫他解決問題。所以，建議先接納他的想法感受，說不定在同理完之後，孩子就可恢復到平穩狀態。

2. 換位思考

換位思考，是建立良好關係的跳板，意指家長不以自己的價值觀或觀點來看待和要求孩子，而是以孩子的立場及視角，覺知他的心情和需求。說得更具體點，家長可以問問自己，如果你是他，你會怎麼做？成年人在與長輩、平輩往來時，大都願意換位思考，但面對晚輩或孩子，就傾向認爲他不懂事、該聽大人的話，習慣性下命令，企圖操控孩子的行爲。這樣的態度，對建立良好關係毫無助益。

試想一下，當聽覺敏感的大雄在逛大賣場時突然摀住耳朵大叫，做父母的可能會反射性地以社會常規來要求孩子閉嘴。然而，你可知道，此起彼落的叫賣聲對他來說，就像是站在演唱會超大分貝音箱前被震耳欲聾的聲響持續轟炸，想忍卻忍不了。再者，若他又因觸覺敏感而無法戴耳塞，除了尖叫大概別無他法。這孩子已承受不了聲音的刺激，若還加上大人的責罵壓力，惡劣情緒極可能瞬間飆到最高點，想不暴走也難。

如果能了解孩子的難處，站在他的角度思考，就會知道該如何適當地安撫和對待。當然，因爲我們沒有孩子的症狀，不見得能體會他的困擾；但多和其他特殊孩子的家長交流、擴展自己的生活經驗、用過去相仿的經驗來類推，都能幫助自己練習換位思考。例如：

大雄媽媽很受不了附近廟會辦活動時的猛烈音效，每聽到宮廟的擴音喇叭聲時，總是二話不說地逃走，直到活動結束才回家。因此，她便用這個經驗去想像大雄置身於大賣場時的感受，想到可以運用「隔絕刺激源」的策略。後來她盡量不帶大雄到人多的地方，沒了刺激，大雄就不會為了外在因素而發脾氣。

3.用溫柔堅定公式來照顧雙方的想法感受

回到大雄被路人撞的例子。「可是，他下次又被撞時，還是會想打人啊！」大雄媽媽很擔憂地問。沒錯！所以同理之後的重點是教育孩子，引導他下次又發生同樣的事情時，「可以」怎麼做。然而，父母一看到孩子的情緒緩和下來，往往以爲事過境遷天下太平，況且剛處理完孩子的暴怒，已耗費太多心力，只想好好喘息。但如此一來，孩子下次再遇到類似事件時仍會暴走，因爲，除了發飆這招，他不知道還可用什麼方式來表達。所以，請各位父母在此時得加把勁趁勝追擊，在孩子對事件情境還有感覺的當下，以溫柔堅定的公式引導他，如何用能力範圍內的方法，向別人表達他的不舒服。

溫柔堅定公式：【先傾聽他的感受＋幫他簡述心情想法＋以「可是⋯⋯」來表達父母的想法及堅持】。

請記住，在他情緒高漲時討論是無效的，況且，若家長也非心平氣和，雙方很容易說著說著就動怒，結果不但沒達到教育孩子的目的，還鬧得怒氣沖沖並賠上一堆摔壞的家具！

有些特殊孩子天生有固著傾向，難以變通，溫柔堅定公式可以拓展他們的彈性。家長可以協助他用不同的方法和立場去面對類似的困擾。例如：

大雄又被路人碰撞而發脾氣。

家長：「來，告訴媽媽／爸爸，你現在覺得怎樣？」【先傾聽他的感受】

大雄：「我要殺了他！」

家長：「氣死了，他真可惡！」【簡述他的心情想法】

大雄：「對！」

孩子被同理後，怒火應會慢慢降下來，等他平靜後，再和他討論下次又被撞時的因應策略。

家長：「你被路人撞得很不舒服，所以你想殺了他；可是，殺人會被抓去關，這樣就不能住在家裡【自閉症的孩子往往較在乎自身的利益，為了讓他聽進去，要先讓他明白自己的損失】，我也會很傷心。為了大家好，我同意你可以生氣，但方式絕不能讓別人或自己受傷。來，我們一起想想，當下次你又被撞時，可以怎麼做？」【以「可是……」來表達父母的想法及堅持】

接著，可教他用敲手掌的方式轉移被撞時的不舒服感覺，或用十次深呼吸來降低怒火，也可問他還想怎麼做。

此外和他討論：「路人有沒有可能正在處理一件緊急的事，所以才不小心撞到你？假設你也像他一樣著急，會不會也沒有注意到別人？」用這方式引導他換位思考，也許，以後就較能平和地面對被撞的狀況了。

另一個情境是，父母常遇到孩子吵著要買玩具，若不依就大吵大鬧，甚至躺在地上打滾。如果家長堅持不買，硬把他拖出店外，特殊孩子也不會輕易放棄，日後只要一出門便會啓動玩具搜索雷達，一旦找到想要的玩具就會緊抱不放。這回，家長很難再用上次的方法讓他放手。這時該怎麼辦？還是老招，先幫他說出情緒，再用「可是……」來表達我們的溫柔堅持。例如：

孩子激動地又叫又跳：「我要買超人！我要買超人！我就是要買這個超人！」

NG版

媽媽惱怒，威脅：「你給我安靜一點，不然就打死你！」

孩子躺在地上哭鬧，媽媽死拖活拉孩子離開現場。

OK版

媽媽：「你好想馬上買到超人。」【同理他的想法】

孩子停下來點點頭。

媽媽：「現在我們沒有這筆預算，不過可以存錢來買。」【表達你的想法】

4.「耐心」回應孩子重複跳針似的抱怨

特殊孩子經常固著於某個情緒，若未加以疏通，就會像跳針似地不斷抱怨同一件事，無論父母解釋多少遍依然故我，最後家長因失去耐心而先發脾氣。這下子，就像壓垮駱駝的最後一根稻草，孩子由抱怨轉爲暴怒，再演變成最不想見到的親子衝突。若孩子已是青少年且個頭高大，萬一來硬的，父母是打不過他的。這時應更有耐心地用溫柔堅持的公式來應對。例如：

大雄：「為何大人總是人前一套人後一套？」

媽媽：「你覺得大人很假。」

接著，他開始說很多不滿的感受。

媽媽：「你覺得大人很假。」【一樣，只幫他說出想法和情緒。】

他又會繼續說很多。

媽媽：「你覺得大人很假。」【一樣，只幫他說出想法和情緒。】

他再講。

媽媽：「你覺得大人很假。」【一樣，只幫他說出想法和情緒。】

他持續抱怨。

這個方法，眞正考驗的是家長的「耐心」。有個案例是，媽媽很有耐性地平穩重複這樣的回應長達五十分鐘，孩子才不再抱怨，眞的是累壞媽媽了！然而，這樣辛苦投資是有意義的，這位媽媽用溫柔堅定的方式，爲特殊孩子打下情緒地基，塡補他從小到大渴望被照料、被關注的心靈缺口。表面上孩子在埋怨同一件事，但內心深處，其實是在哭訴長年來被誤解被忽略的痛。當然，這心理黑洞無法一次塡平，不過，下次再抱怨同件事時，媽媽安撫的時間已縮短至二十分鐘。相信這位媽媽如果能夠堅持下去，孩子很快就可以不再對這事有太大的情緒了。你認爲，這努力値不値得？

5. 被孩子誤解時，要使用正確的說話順序

童話中的阿里巴巴進入強盜的藏寶山洞，必須用「芝麻開門」的咒語才開得了門。對孩子的同理就像這咒語，是打開他心門的鑰匙。不同的是，由於特殊孩子的固著特性，在開啓這道心鎖時，須花很長的時間。因爲當他誤解爸媽、自認委屈時，已掉入情緒黑洞，完全看不到洞外的樣貌，只能單向不斷訴說他的憤恨，越講越上火。此時，爸媽再怎麼費盡唇舌解釋，一個字也聽不進去。

因此，父母被孩子誤解時，不要急著解釋反擊，須用正確的說話順序：**先同理，再解釋**。最重要的仍是理智地運用溫柔堅定公式的表達步驟來回應，如此，他才有可能看到或接納父母的澄清。例如：

姊姊去畢業旅行、爸爸出差，只剩母子二人在家。

孩子：「妳為什麼偷喝我的果汁？」

NG版

媽媽：「沒有啊！我沒喝你的果汁。」【這是家長的解釋，但未先接納孩子的想法】

孩子：「有，就是妳偷喝我的果汁，不然我的果汁不會變少！」

媽媽：「不要亂講話！我忙到剛剛才回來，怎麼可能去動你的果汁。」

孩子繼續指責。

媽媽失去耐心，開始發怒。

孩子舉起手準備動粗，媽媽氣得逃回房間，反鎖房門。

OK版

媽媽：「你覺得我偷喝你的果汁，現在好生氣。」【同理】

孩子「哼」了一聲，因想法被接納而停止怒火延燒。

媽媽：「但是，我忙到剛剛才回來，根本不可能喝你的果汁。」【解釋】

當孩子的情緒由憤怒下降到不滿時，耳朵才會慢慢打開，家長的澄清或教育才有機會被接收。總之，在孩子發飆時，先撐住、不讓自己暴走是治標的第一步；接著，運用同理心來理解孩子的情緒想法，只要能說中他的情緒或想法，情緒強度會立刻下降；事後，當雙方情緒都平穩時，才和孩子討論變通方式。成功的馴獸師一定要先摸透動物的習性，才能讓動物乖乖聽話；當父母能運用同理心，就可輕易摸順孩子情緒的毛，並提升他的能力，做到有效能的教育。

「接納」，是促成孩子改變及成長的最大動力！無論孩子多大，只要願意用同理方式來溝通，天性固著的他就能慢慢轉變。特殊孩子很像飄在漩渦上的小葉子，漩渦改變，葉子流動的方式也會隨之改變，所以當家長改變，必定會帶起孩子的轉變。

在此提醒大家，同理心必須不斷練習，才能熟能生巧，狀況發生時才可以派上用場。有人說，學習新事物，須經過二十一次練習才能順手，再練習五千次才會習慣成自然。為了親子雙方的幸福未來，必須有覺知刻意地練習同理心喔！

小太陽悄悄話

要成功運用同理心，須先釐清：同理是接納孩子的情緒，不是同贊成他的行為；豐富生活經驗可以提高換位思考的能力；用溫柔堅持的公式來同理並教育孩子；秉持耐心回應孩子重複跳針似的抱怨；即使被孩子誤解，仍得先同理再來解釋。剛開始做不到沒關係，只要心中有意願就很棒了。融冰需要時間，只要持續，一定可以成功軟化孩子。加油！

確實了解孩子的狀況

家長急速凍結情緒並同理孩子的感受後，孩子的怒火應該會迅速冷卻，至少不會越來越激動。不過，這只是暫時治標而已。

什麼才是治本呢？

若想治本，家長必須先確實了解孩子的限制、個性、喜好。況且，就算是同一類身心障礙的孩子，個人差異也非常大，每個人的核心特點及限制都不同，家長必須多花些時間去觀察寶貝的特質所在。

【對策】明瞭孩子問題行為的根本成因

導致孩子困擾行爲的原因，大致可分爲三類：

1. **先天的症狀／限制／障礙／疾病**
2. **與生俱來的個性**
3. **做不好**

當家長能找到眞正原因，才能對症下藥，選擇最適合的教養方式。

【做法】

1. 先天的症狀／限制／障礙／疾病

所謂先天症狀，就是老天給孩子的限制。特殊孩子若因先天限制而做出令人煩心的行爲，請家長一定要明白：孩子不是故意的，他天生配備不良，自己也不願意，也很苦惱，需要別人協助。受先天限制影響最顯著的，是學習能力不平均（不只學業，還包括生活技能等）及情緒困擾。

特殊孩子某方面能力可能特別突出，而其他方面卻是遠遠落後一般孩子。例如，過動症兒童經常忘東忘西，不管家長用什麼方式提醒訓練，最多只能減少遺忘的次數，無法「根治」。建議父母要有「我的孩子就是會忘記事情」的覺悟，不要堅持以一般人的標準來要求他，否則只會讓親子陷入無止盡的爭執中。

情緒困擾方面，是指特殊孩子在區分他人的情緒、意向、動機、感覺的能力及表達自己的情緒有困難。對別人的心情感受較不敏銳或不在意，往往因此得罪旁人而不自知。

此外，也很難像一般人一樣，用合乎禮儀的語言說出哪兒不舒服、如何不開心，只會以生氣、抱怨來表示，以致於在人際溝通及社交上挫折不斷。長期下來，容易衍生出自傷或傷人、擾亂秩序、破壞性行為、攻擊、反覆而固定的身體動作、拒學、無意地走失或故意逃學和離家出走、不符社會規範的行為等等問題。

特殊孩子的問題行為很多，到底該怎麼釐清這是出於先天限制，還是有意地鬧脾氣？請拿一張紙，寫下最近孩子在食衣住行與作息等方面，做了哪些讓你困擾的事。寫完後，看看下列最常遇到的案例，有沒有跟自己孩子類似的狀況：

食方面

困擾一

孩子早餐都要吃飯糰，平常我都做成三角形，今天較忙就捏成橢圓形，他竟然氣到把飯糰丟到地上。莫名其妙，飯糰就是飯糰，形狀不同還是飯糰，有必要氣成這樣嗎？

你可能不知道：亞斯伯格孩子有著很多由他自己所定義的堅持，這些堅持是旁人難以理解的。例如：沒吃過的味道不吃、大小不一的食物不吃、顏色換了不吃、用的盤子不同不吃等。

困擾二

孩子不喜歡醋的氣味，在家可以避免，在外面和朋友聚餐就不能限制別人了。可是他只要一聞到醋味，就捏著鼻子，一臉嫌惡的表情，大聲地說臭死了，快拿走！弄得朋友尷尬，我也很不好意思。唉！已經和他解釋過幾萬遍，但他就是依然故我，讓我好頭疼！

你可能不知道：很多特殊孩子有嗅覺敏感問題，聞到討厭的味道時，往往會反射性地直白表達感受，造成別人困擾。我們可在他心平氣和時，引導他以合乎社會規範的方式來處理不適的感覺。

衣方面

困擾一

一天要換四件以上的衣服，上課一件、回家一件、吃飯前一件、睡前一件，拿衣服時不小心碰到別件衣服也要洗，我每天光洗他的衣服就夠了！

你可能不知道：有些特殊孩子有共病現象，如妥瑞症患者常同時患有強迫症、注意力不足過動症、憂鬱或焦慮等情緒障礙。上述行為，很可能是強迫症狀所造成，也就是說，孩子自己也控制不了。

困擾二

孩子總把衣櫥塞得滿滿，所有的衣服都皺成梅乾菜，就算幫他摺疊整齊，只要他一拿衣服，又搞得亂七八糟，害我老被婆婆罵不會持家。

你可能不知道：特殊孩子因腦部發育不健全導致某些功能失常，在生活上的無秩序，就是顯著的特徵之一。這現象源自他天生的限制，雖然會造成家人的苦惱，但也非後天教導可以輕易改善，需要家人更多的包容。

住方面

困擾一

我的孩子老是心浮氣躁，不是眼睛眨個不停，就是腳不斷抖動，更一天到晚發出怪聲音，不是整天清喉嚨就是講一些我聽不懂的外星話，常被他弄得心煩意亂，甚至還懷疑孩子是不是有幻聽，好擔心！

你可能不知道：這是妥瑞症的抽蓄（tics）症狀，身體抖動是動作型症狀，清喉嚨和外星話屬於聲語型，都不是孩子自己願意的行爲。其實這般不自主的持續抽動很累人的。

困擾二

只要過敏的兒子所到之處，一定有一大堆揉成球狀的衛生紙。氣人的是，要求他把用過的衛生紙拿去垃圾桶丟掉，雖然他照做了，卻老是有許多衛生紙掉在垃圾桶外。有潔癖的老公因而抱怨我不會教小孩。好冤枉喔！不是我不會教，而是孩子教不動！

你可能不知道：過動症的小孩常會發生這種狀況，他眞的乖乖聽話了，只是注意力不足讓他以爲已丟進垃圾桶了，沒意識到其實衛生紙是掉在桶外。

行方面

困擾一

孩子每次外出都得帶一個塞得滿滿的大袋子，裡面什麼都有，其中百分之九十根本用不到。幫他拿出這些東西還被罵，眞搞不懂他幹嘛這麼累。

你可能不知道：部分特殊孩子必須這樣做才有安全感，這是出於天生限制，不是邏輯可解釋的。

困擾二

出門前都得提早一個小時通知女兒，不然，光等她把娃娃一個個擺好、鞋子一雙雙調到她要的角度，就已讓我完全失去耐心，即便很不想生氣也會開始發火。

你可能不知道：這是儀式性行爲，來自天生症狀；若制止孩子，她會不知所措、很不舒服，就很容易用暴怒來表達抗議。

作息方面

困擾一

我好怕叫孩子起床，每天都要花一個小時以上，還要很溫柔地提醒，若稍微強硬一點，他立刻就發飆並鬧個沒完。唉！一想到要叫他起床，心裡就很害怕！

困擾二

叫孩子洗澡，說好卻東晃西晃，質問他不是要去洗澡嗎？他很不高興地說：「在—準—備—了」，可是已經過了半小時，連換洗的衣服都沒拿出來，還狡辯說要洗澡，氣死我了！更糟的是，洗了兩小時，叫他出來又不願意，怕他待太久會發生意外而強逼他關水龍頭，竟然和我對嗆！我怎麼會養到這麼頑劣的小孩！

你可能不知道：特殊孩子啓動及結束一個行爲都很困難，就像老舊火車要開動，需要熱車很久才能極緩慢地牛步前進，停車前也要很長時間來準備。這情況最常發生在注意力不足症的孩子身上，因不擅估計做一件事要花多少時間，總是一拖再拖，直到最後一分鐘才動手。結果，做了一堆不重要的事，該做的事卻一件也沒完成。其實他自己也很懊悔一事無成，卻又很無奈每次都重演拖拉戲碼。久而久之，孩子在外界及自己不斷的譴責下，可能會演變成憂鬱症。

以上種種的困擾行爲，通通源自於特殊孩子的「天生限制」，也就是說這些問題行爲不是孩子故意要做，而是不可控制，他自己也不願意。即使經過後天十分努力地矯正，也只能削弱頻率及強度，難以完全杜絕。所以，如果家長對孩子因天生限制所造成的脫序行爲生氣，就好像生氣爲何橘子不能像西瓜一樣，自尋煩惱。

現在，來檢視一下剛才請各位寫下的孩子困擾行爲中，多少是屬於天生限制？清楚孩子脫序行爲肇因於天生限制之後，家長只能接納他的現況，無須試圖轉變。因爲，人類無法消弭老天的設定，能做的只有教導孩子學習替代方法，在能力範圍內盡可能做出接近社會期待的舉止。

然而，家長眞的能接納孩子的特質嗎？其實很困難！但爲了擁有更和諧的家庭生活，與其硬碰硬挑戰他的天生限制，還不如家長先轉個彎，設法放寬自己的標準，比較容易。因此，常覺得兒子是我的家庭禪師，總有辦法逼我一定要調整自己。

2.與生俱來的個性

人的性格是由先天氣質和後天環境影響所組成，約在二十歲時定形。先天氣質是人與生俱來對內在和外在刺激的反應方式，是天生設定的行爲模式，很難改變，也沒有好壞之別。想要有和平的親子關係，得先了解雙方氣質的差異處，再從中找到平衡點，發展出彼此都可接受的互動模式。親子的天生氣質差異越大，父母的挑戰也越高。

天生氣質可透過九個層面來探索：

活動量：孩子一天中所有動作的頻率和速度。

規律性：一天中睡覺、起床、肚子餓、上大號等，是否有如鬧鐘般的準確，時間和量都一致。

情緒本質：一天中表露於外的情緒，是屬正向，即友善、快樂；或負向，如：常生氣、老皺眉頭。

反應閾（或敏感度）：指引起孩子反應所需要的刺激量。

反應強度：對內、外在刺激所產生反應的激烈程度。

趨避性：孩子第一次遭遇新刺激所表現出來的態度，是接受或是退縮？

適應性：趨避反應之後一段時間的適應情形。

堅持度：正在做或正想做某件事時，卻遭致外來阻礙或困難，這時是繼續維持原來的活動或放棄？

注意力分散度：是否容易受外界刺激，如聲音、光線等。

親子的天生氣質是否能相互配合，也就是所謂的適配性，是影響家庭快樂的最關鍵因素。如果文靜的家長碰上體力充沛的過動孩子，自然受不了。我也是透過這份氣質分析，才明瞭自己和兒子眞的很不一樣，急驚風的我遇上慢郎中的孩子，難怪先前總有許多衝突。其實，很多時候是因爲我不耐煩而發飆、抓狂，溫和的兒子承受不了又不會表達，才不得不用暴怒來反擊。

在清楚看見我們母子之間的差異後，我終於明瞭孩子並非故意或懶惰，便願意包容總是老讓我等候的兒子，也減少因他的拖拉產生憤怒或焦慮，發展出兩人都可接受的互動模式，甚至能夠更有耐心等待他的緩慢成長。這就是長輩常說的：「覺悟了！」

3.執行困難

大多數特殊孩子的執行力很差，父母已費力教會他，但他卻不願意做或做不好，讓家長很氣餒。其實，孩子不是教不動，極有可能是因爲大腦發育不完整，導致腦中接受到的指令不能順利傳遞到「執行」區塊，這也是一種天生限制。所以，特殊孩子家長必須扮演孩子在「知與行」上的橋樑，得不停在旁提醒督促，才可以讓他的行爲有所改變。

同時，家長們還要有心理準備：型塑孩子新行爲的過程很漫長，光用口頭督促是無效的，尚須輔以身教或直接指導，必須不斷陪伴才行。若想要訓練提升孩子的能力，無須動怒責罵，只須親自「陪」他做就好，而且至少要持續陪伴半年以上。很累人，但沒辦法，這是必經過程，請家長們當成修身養性吧！

我遇過一個案例，家長僅是要求孩子飯後自動把碗筷收進水槽，就足足訓練了一年。倘若，父母不明就裡，以對一般孩子的期待來要求特殊孩子，在訓練時就會極不耐煩，不解爲什麼連這麼簡單的事都學不會，甚至懷疑他是朽木、孽子！爲了孩子的未來，家長必須覺悟，教導孩子新行爲，一定得長期陪著他做、無須懷疑與抱怨。一旦孩子養成了新模式，將來要他不做都很困難，這是一輩子的投資啊！

由此可知，特殊孩子問題行爲的原因，無論是出於天生症狀、性格或執行困難，根源都是與生俱來的限制。從今開始，建議家長放下孩子是故意搗蛋的錯覺，以更高的視角俯瞰他的狀況，才能跨越自己的信念框架及期待，同時以孩子最大益處的角度，支持這個長久以來活得很辛苦的孩子。

小太陽悄悄話

孩子因天生的症狀、個性或執行困難而造成種種問題，都是不得已的，他也不願意；倘若家長能體悟到這點，就較能用包容、憐惜的態度來教養孩子。孩子一旦感受到被父母接納後，自然親子關係就會越來越親密。

幫孩子紓壓

人在身心疲憊時容易發怒。就算是身心健全的大人，若連開八小時的馬拉松會議，也會因疲憊而煩躁，更何況是有先天限制又非常敏感的特殊孩子。這些孩子，長期忍受情緒重擔，經常處於慌張不安的警戒狀態，經年累月下來，當然會筋疲力竭、情緒惡劣。

舉例來說，自閉傾向的孩子易因環境變動而產生不安全感，過多的感官刺激、不知明天會怎樣的焦慮、長期的負面記憶、不被了解又無法表達的委屈等，都會引發種種負面感受。這感覺又可能導致他預期未來會更慘，使他忽略生活中正面的部分、擴大負面事件及做錯事時過度自責等等。孩子時時背負這麼沉重的情緒負荷，難怪容易因小事發火或自殘。家長了解這一點之後，若能設法讓孩子放鬆，就能有效降低他生氣的強度和頻率。

【對策】身心都紓壓

紓壓方式五花八門，可多方嘗試，選擇親子都覺得舒坦的形式。我試過許多方法後，比較推薦以下幾項：

1. 生活上

A. 運動：運動可使大腦分泌更多多巴胺，讓孩子情緒穩定。且當體力耗盡時，經常胡思亂想的頭腦自然關機，而得到暫時休息。此外，有運動習慣的小孩也比較不須依賴藥物，就能轉換固著的情緒並改善睡眠，因此，強烈建議多帶孩子去運動。

B. 睡眠：睡眠不足時，大部分的特殊孩子脾氣會變差，影響學習專注力和人際互動品質。對自閉兒來說，睡眠更是重要。

C. 按摩：身心是相互影響的，藉由身體的放鬆可帶動情緒的好轉。

D. 芳香療法：在頭腦構造上，掌管嗅覺和情緒的兩個區塊是相近的，因此，可運用能帶來愉悅感的天然精油，平靜孩子的心情。

E. 養寵物：眼中永遠只有主人的寵物，可滿足特殊孩子最渴望的「被接納」需求。

F. 培養興趣：讓孩子浸淫在他喜歡的事物中，可暫時轉移灰暗感受，讓他充電休息。

G. 做有成就感的事：特殊孩子長期處於挫敗中，很容易自我否定，若能引導他做些可得到自信的活動，就能用愉悅的成就感來平衡負面情緒。

H. 創造有趣的生活：特殊孩子的生活往往狹隘，家長必須幫他創造豐富多元的元素，慢慢引導孩子走出封閉的心門。

2.思想上

A.提供情緒出口：願意像小天使一樣陪伴他的同學、願意傾聽他心聲的心理師或老師、同理他的家長或親友，都可讓孩子感覺到自己是被接納的。人在被接納時，會產生被愛、安全的感受，這正是特殊孩子強烈渴求的部分。

B.鼓勵的正向支持：慣於負面思考及嚴苛自責的特殊孩子，看不到且不認同自己做得好的部分，須靠外界長期鼓勵，茁壯他內心想變好的小幼苗。

【做法】

1.生活方面

A.運動

所有相關文獻及專業人員都強調，運動可宣洩特殊孩子的負面情緒。我兒子很懶得動，忙碌的我爲了讓他運動，特地請教練陪他打球，無奈，幾次後他就拒絕去了；買健身器材給他，用了幾次就再也不碰。最後，只能拜託老師增加他在校的運動時間，閒暇時我再盡量拉他一起跑步或走到遠一點的商店購物，雖然運動量仍嫌不夠，但至少有動。

B. 睡眠

特殊孩子的時間掌控力很不好，常很晚才上床，連帶影響睡眠量及品質，早上更因沒睡好而鬧脾氣。我使用的方法是運用結構化教學法（TEACCH，注二），輔以計時器和緊迫盯人的方式來催促兒子早點上床。

C. 按摩

在運動策略行不太通後，我改用被動的按摩安撫他的情緒。意外發現，按摩除了放鬆身心，也是拉近雙方親密感的好方法。

簡單按摩：用十指指腹按摩孩子的頭。頭部有許多神經，隨意抓按都按摩得到。建議按摩時和孩子聊聊天，這將是他很期待的快樂親子時光。

進階按摩：使用有放鬆效果的精油來按摩。由孩子的尾椎往脖子方向往上推，依喜好將不同精油一層一層塗在孩子背部。脊椎兩側布滿掌管人體的三十一對神經，因此按摩背部能使全身舒緩。用過這方法的人都回饋效果很好。

高階按摩：營造一個嗅覺、聽覺、味覺、觸覺、視覺都舒服的環境，舒適的溫度，柔暗的燈光下，空氣中瀰漫著令人放鬆的薰衣草或柑橘類精油的香氣，播放孩子喜歡的輕柔音樂，讓他舒服地躺在按摩床上。處在這樣一個空間，孩子的心情自然開始放鬆。

D. 芳香療法

利用嗅覺來改變心情，天然精油的香氣可讓孩子心情很快轉好。建議可以精油與水3：2的比例來製作精油噴霧，一般可選用柑橘或花香類精油，而且一定要搭配薄荷，因爲薄荷的清涼味會讓怕熱的孩子鎮定下來。建議父母可找出孩子喜愛的香味，作爲改善他壞心情的利器。

E. 養寵物

特殊孩子因不善溝通，加上經年累月遭受誤解、排斥，情感自然無法好好流動。但動物跟人不一樣，動物不會拒絕特殊孩子表達不清的言語和不適切的觸摸方式，只會很忠誠、很單純地認眞傾聽主人說話，增添孩子被接納的正面經驗。自從我家養了小倉鼠後，兒子變得比較開心，一回家就跑去和牠說話，可愛的小倉鼠已變成兒子的好朋友，成爲他快樂的資源之一。

F. 培養興趣

特殊孩子朋友少，倘若又不願接觸新事物，往往會整天泡在極待抒發卻又無法宣洩的負面情緒中。時間一久，容易演變成憂鬱症等心理疾病。因此，家長須設法協助孩子找到紓解情緒的方式。

以我兒子爲例，自國中起，情緒起伏變得非常劇烈，又不愛戶外運動，所以計畫讓他學打鼓和吉他，讓負面情緒有個出口。剛開始他很抗拒，但我不放棄，和家人套好招，努力說服兒子學樂器——我們刻意在聚餐時聊起會樂器的男生多麼有魅力，舅舅阿姨更故意說得很誇張，好不容易點燃兒子的學習意願。接著帶他去和很有耐心的老師聊，在感覺環境安全後，兒子終於願意先嘗試打鼓，等他打出興趣，又慢慢引導他再學吉他，增加他情緒調解百寶箱的項目。日後，心情不好時，他就會主動去彈吉他或打鼓，大大降低拿我當出氣筒的機率。

G. 做有成就感的事

成就感，是缺乏自信心的孩子必用的維他命，建議家長盡快發掘出孩子最喜歡做的事物、最擅長的項目，只要在安全及社會許可的範疇內，盡量製造機會給他。一般來說，特殊孩子在3C方面的潛力較強，所以，當我要買或使用3C產品時，都會故意佯裝不懂，央求家中的3C達人——兒子來救我。他搞定後，我會拍拍他肩膀、誇張地稱讚他說：「還好有你，不然我就完蛋了！」看到他瞬間綻放的笑容和挺直背脊的同時，我內心也在大笑，策略奏效了！

H. 創造有趣的生活

孩子狹隘的生活圈及缺乏彈性的處事方法，是他常發脾氣的原因之一，因此，可藉由擴大生活經驗來增加處事應對的彈性。從孩子興趣或喜好來延伸新體驗，是較省力的方式，透過既有的熟悉經驗，吸引他往外再跨一步，接觸更多好玩的事物。順著兒子玩樂器的軌道，我慫恿他去參加數位音樂課程，藉這個餌訓練他獨自坐車到教室並面對陌生的老師同學。這麼一來，除了可讓總躲在心靈山洞裡的兒子願意出門，還能增加他接納陌生人事物的彈性。也常邀約他一起去參加許多我覺得有趣的活動，若他抱怨不好玩，下次就換別的項目。在這樣不斷嘗試下，相信總會有機會找到他有興趣的事物。

2.思想方面

A. 提供情緒出口

孩子累積的負面情緒就像隨時會爆發的火山，不是對外傷人，就是往內傷己，所以家長須爲孩子安排安全的情緒宣洩管道。在孩子被診斷出是特殊兒童時，如果孩子已經就學，必須連繫學校，並與老師溝通，老師了解情況，孩子在校才能迅速得到輔導和妥善的照顧；如果可能的話，也拜託老師安排適合的同學當孩子的小天使，給予他更多支持。

（請參見第四篇）

B. 鼓勵的正向支持

特殊孩子雖有萬般缺點，但一定也有值得稱讚之處。不過，大部分家長的反應是：「我想了很久，都想不出這孩子有哪一點值得我稱讚！」因此家長得訓練自己在汙泥中找到黃金，比如說，在孩子考零分時還能看得見他的優點。這對家長來說，絕非易事！詳細做法，請參考後面章節。

在協助孩子紓壓的同時，建議家長也分出一點心念，觀照自己，傾聽自己的話語、專注於當下，順便釋放自己累積的壓力。

小太陽悄悄話

別忘了，再忙都要擠出一點時間來為孩子紓壓，減少他生氣和自傷的機率，這是對家庭生活和樂的必要投資。

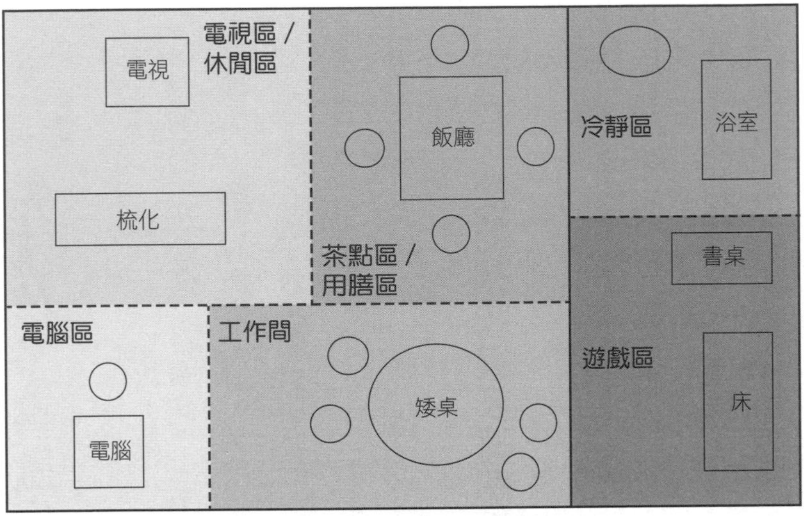

（圖一）家居的結構化學習及作息環境分區建議圖

【注解】

注一：結構化教學法是運用自閉症孩子的學習特徵，如重複、狹窄的行爲習慣，來制訂個別化的學習計畫，並透過結構化的學習環境及有系統的教學法，提升孩子的能力。家長在家可爲孩子制定：

(1) **結構化的學習及作息環境：**利用清晰的分析和安排，幫助孩子家中行爲變得更有規律。

(2) **學習及作息時間表：**藉由學習及作息時間表，讓孩子明確知道自己每天活動的安排情況，或每天流程的改動。讓孩子清楚預知任何的轉變，或下一項活動的內容。

(3) **個別工作系統：**將工作先後次序的固定流程寫出，以視覺化提醒孩子要先完成哪一項工作，再做下一項工作。在此固定而有規律的環境下，孩子可以更專注學習和工作，也能培養獨立工作的能力。（摘錄自自閉症人士福利促進會）

先讓孩子喜歡你

特殊孩子在社交上很率直，完全沒有面具；此外天生直覺強，可輕易判斷出你是否真心接納他，或在心裡排斥他。父母想要改善親子關係的品質，首先要讓孩子喜歡你。孩子感覺到被愛、被了解，就會願意配合父母的安排。否則孩子不是不理會指令，就是陽奉陰違。尤其，在生氣時，更是抱持敵對態度，無論爸媽說什麼，全擋在心門外。因此，改善親子關係最重要的一步，就是讓孩子喜歡你、認同你。

【對策】愛的存款與表達關愛

1. **愛的存款：**先放下規矩、期待，改爲累積愛的存款，在孩子信任、依賴父母的基礎上，逐步拉近親子關係。如果沒有愛的基礎，父母不斷斥喝小孩，關係只會剩下對付、角力、拉扯。
2. **用孩子喜歡的語言來表達關愛：**父母都愛孩子，可惜孩子常感受不到，才會在誤解下亂發脾氣。因此，用孩子能接收到的愛意形式來相處，是非常重要的，讓愛的存款可以急速倍增。

【做法】

1.愛的存款

想像在心裡對每一個重要的親人朋友，都有一個情感帳戶，儲存著對他們的愛。跟孩子培養感情，就彷彿是在親子愛的帳戶中存款。怎麼存入愛的存款呢？方法是把孩子當成最重要的客戶，花時間認真陪伴對待，讓他能清楚接收到父母的愛。這麼一來，就算日後意見相左，孩子也會顧及父母的感覺，收斂自己的脾氣。

然而，精力早被消磨殆盡的特殊孩子家長，難有餘力花時間經營高品質的親子關係。沒有繼續存款，加上不斷命令、制止孩子，可能早把愛的存款都提領光了，說不定還負債呢。所以，建議家長們，再怎麼累也必須努力累積存款，就算只有一點點也好！我常用下面三個方法來存款：

A.全然專注傾聽孩子說話

天生敏感的特殊孩子有讀心術，可以覺察家長微微揚起的情緒或分心，即使父母努力僞裝沒事，但根本騙不了他，他會用發脾氣來表達抗議。因此，想要營造有品質的相處時光，家長必須拋掉一切待辦事項，如洗澡、洗衣、洗碗等家事。即使只有短短十分鐘，在這段時間內父母的眼中只能有孩子——他是此刻唯一的主角，其他事都等十分鐘後再說。

家長也可將這十分鐘當成放空時間，什麼都不想，只單純陪伴孩子，趁機觀察他的成長變化，或者跟孩子一起徜徉在他天馬行空的想法裡，用提問方式鼓勵他繼續說下去，孩子一定會非常開心！

B. **參與孩子正在做的事**

也就是和孩子一起玩，成爲他的玩伴，拉近彼此的心理距離。同樣地，請家長務必放下待辦事項。年幼孩子可以和他玩他正在玩的遊戲或具有感覺統合功效的遊戲，如「捲壽司」，用棉被將他包裹起來在床上來回滾動，刺激其感官感受。孩子大些後，可以和他討論他愛吃或討厭的食物滋味等等，藉機引導正確的表達方式，讓他更了解自己的情緒樣貌。例如，我兒子回家後都會和他的寵物鼠說話，我便加入一起聊小倉鼠今天發生的趣事，透過共同話題突破青少年不太愛理會父母的藩籬。

C. **陪伴孩子度過傷心時刻**

雖然父母都盡力協助孩子移開眼前障礙，但總有使不上力的地方。這時，若能像陪伴好友般，靜靜待在孩子身旁，了解、接納他正經歷的情緒，陪他度過悲傷的過程，讓孩子在難過時不覺孤立無援，可以幫助他更確信父母的愛。

2.用孩子喜歡的方式來表達關愛

家長明明很愛孩子，不知爲何孩子就是覺得不被愛；這情況也經常發生在家長與原生家庭父母之間：雖然理智上明白父母愛自己，但不知爲何在情感上就是感覺不到。造成這種情況的主因是——用錯方法。原來，每個人感受愛的方式不一樣。家長只要用對方法，就能順暢傳遞無限的愛給孩子，這些方法包含：肯定的言詞、接受禮物、服務的行動、全心全意陪伴、身體接觸等五種。

有的人只要被小小讚美，就能感受到對方的愛。以前我每天忙到昏頭，回家後化身十點鐘媽媽，用僅剩的一點點力氣催促孩子快快吃飯、做功課、洗澡、睡覺……記得有一天，我又開始催他做功課，兒子忽然生氣質問：「爲什麼妳都不稱讚我，只會罵我？」那時，不懂孩子是在發出求救訊號，還理直氣壯地反駁：「你功課做得亂七八糟，要如何得到稱讚！」唉，現在想起來好慚愧，他只是希望得到媽媽一點肯定罷了。

有些人則是需要透過收禮物的形式，才能感受到愛。我有個個案會把歷年收到的生日禮物妥善收藏在房間裡，不時拿出來開心把玩，彷彿再三確認自己所得到的愛。另一類人則認爲，若對方願意幫他做事，就是愛的表現，例如我父親，他不曾說過愛我們，卻默默爲我們做了許多事，會算八字的他，主動幫所有孩子及孫子批好各自專屬的一生流年書，還貼心提醒我們這輩子要注意的事項及該學習的功課。此外，某些人喜歡雙方共度一段專屬的時光，在擁有對方全心全意的陪伴後，才會感覺到被愛。還有人是對身體接觸特別有感，如對他拍拍肩、摸摸頭、抱一下，就可滿足他對愛的渴求。

有的家長會問：「我連自己喜歡哪種愛的方式都搞不懂，要如何找出孩子愛的語言？」

此時，建議可自問下列這些問題：

- ✔留意自己最常用什麼方式向人表示愛與欣賞？
- ✔你對別人的要求是什麼？
- ✔你都在抱怨哪些事？
- ✔當他＿＿＿時候，覺得他是愛我的。
- ✔我心目中完美的配偶，應該是什麼模樣？

從這些回答中，可窺知自己感受愛的方式。如果對象是孩子，觀察他的表達方式、怨言和要求，或直接問他，也可以先嘗試一整周用某種方式和他互動，觀察反應，下一周再換另一種。當你用對方式時，他的眼睛會發亮，和你講話的態度會特別誠懇。不難吧！只要花點小心思，就能營造出親密的愛。

也許會有家長問：「孩子課業表現、生活規矩糟透了，不先改善這個，談怎麼讓他高興、感覺被愛，有什麼用？」其實，對特殊孩子來說，課業、禮貌、技巧都不是最首要的課題，他們這一生最大的挑戰，在於如何擁有平穩情緒。唯有學會控制情緒，其他面向才能大幅進展。

小太陽悄悄話

強烈建議家長暫時放下所有要求和期待，先專注於經營良好的親子關係，如此，孩子不但較能健康成長，也會增加他聽從教導的意願，因而提高教養的效果，這豈不是皆大歡喜？

【專欄】

無法取代的母愛

我曾經是個發瘋的媽媽，完全做不到上述策略。因忙於生計，幾乎天天加班，甚至連周末都要出差。自顧不暇單親的我，不得不把孩子的教養全部外包出去，幫他把每一分鐘做好安排，例如，送他到最好的私立學校，找許多專業保母和家教來代替我陪伴兒子，當時，我並不知道，特殊孩子的天生限制會這麼嚴重影響他的情緒、行為和生活。

所以，每當疲憊的我一回家，聽到保母老師抱怨孩子不乖時，我的心又急又氣，氣他脫序的行為總改不了、是故意的，急的是我既沒時間又沒力氣管教他，更擔憂他繼續這樣發展下去，將來會很糟糕。在沒能量又想迅速解決孩子問題的心態下，早已被一大堆複雜情緒淹沒的我，忍不住破口大罵、狠狠責備兒子。但是，他的問題卻在多次處理後仍未改善，因而讓我焦急到全身像著火似地拿起棍子就想打他，深信重罰之下才會改，這樣的暴行當然把他嚇壞了。

當我冒著怒火的雙眼，看到兒子尖叫大哭發抖地縮在牆角、用極端恐懼無助任人宰割的眼神看著我時，我的心像被人猛力戳上一刀，大量血液瞬間灑遍整個胸口，我驚呆了！

腦海中忽然冒出痛斥的聲音：「你在幹什麼！」我這才清醒過來，怎麼把相依為命的孩子逼成這樣？我還是人嗎？強烈的自責不斷鞭打我這個殘忍的媽媽，在極度焦躁和無止盡內疚兩股猛烈的情緒衝擊下，我瞬間崩潰，只能茫然丟下棍子，衝回房間抱頭痛哭。

此時，心中有一千萬個哀求聲此起彼落虛弱地問著：「我該怎麼辦？我該怎麼辦？我該怎麼辦？」但這呼救聲卻馬上硬生生地被理智強壓下去，因為我不知道誰能救我？不過，更清楚的是，我絕對不能垮，若我倒了，兒子該怎麼辦？

後來醫生告訴我，孩子會這樣是因為缺乏母愛，沒有任何人能替代母親。這時，我才刻意轉變和兒子的相處模式，期待可以亡羊補牢，盡快補上這段空缺的母愛；雖然，有時還是做不到，只能盡力去做。所幸，現在和兒子有越來越多的歡樂時光，他還經常變身為我生活上的老師，教我許多新知，這是以前想都不敢想的奢望。可見，不斷努力地付出是值得的！

總結

處理孩子爲什麼動不動就發火的問題，就好像資深舞者在克服資淺舞者老是跳錯舞步的狀況一樣，若要治本，不是一蹴可幾的。必須先從頭確認是否已扎實練會每個基本舞步，才能慢慢加上變化技巧。

親子雙人舞的基本舞步是安全感、信任與愛。要做到這目標，家長須做到下面事項：

孩子發飆時，家長先「急速凍結」自己當下的反應，事後再回頭處理自己的情緒、教育小孩。

運用同理心緩和孩子高漲的怒火。

理解孩子問題行爲的背後原因是天生的症狀、個性、還是做不好。

幫孩子紓壓減少發脾氣的頻率。

累積愛的存款及用孩子喜歡的語言讓他感受到愛。

若父母都能做到這幾點，無論孩子未來發展如何，至少，現在親子間已被千金難換的眞愛暖暖包圍了！

CHAPTER 3

強颱侵襲：當孩子打人

讓孩子聽進你的話：運用良好的溝通原則

想協助孩子成長，首先須讓他願意聽從指導，然而，特殊孩子發飆時，根本聽不進父母任何話，原因除了他卡在憤怒的情緒外，另一種可能是因爲他誤解別人意思而做出防衛反應，加上固著的特性，使得他幾乎不可能在短時間內改變想法，所以家長最好一開始就杜絕任何可能讓他誤會或拒絕溝通的機會，這才能幫到孩子。

【情境】

就讀國中的小威下課一回到家就擺張臭臉，亂丟書包鞋子，對忙著準備晚餐的媽媽嫌東嫌西，一下子說菜不好吃，一下子嫌飯煮得不夠軟。原本滿心歡喜的媽媽聽著不斷的抱怨，怒火也漸漸被點燃，心情轉為委屈、傷心，最後終於忍不住發火，大聲責怪兒子不懂感恩。

小威聞言立刻回嗆：「怎樣，妳腦筋有洞喔！」接著開始飆罵三字經，比中指，甚至用他魁梧的身軀一步步逼近媽媽。備感威脅的媽媽再也按捺不住，甩了小威一巴掌。這下可糟了，他立刻回擊一拳，媽媽右眼瞬間變成了熊貓眼，媽媽驚嚇過度，哭了。小威打人已不是第一次，上周才和同學大打出手，上個月也為了跟爸爸搶滑鼠而猛力捶了爸爸的腦門。

爸媽又是生氣又是害怕又是擔憂，氣孩子不聽話，又害怕再度被打，更憂心這個「有暴力傾向」的兒子將來無法融入社會。

【對策】溝通五原則

孩子打人，是動怒的進階。處理原則應回歸本源，也就是安全為上，並從溝通來治本。

如何讓孩子聽進父母的話？須配合特殊孩子的天生特質，用他能接收到的方式溝通，父母的話才可能眞正進入他腦中。不然，只是父母自顧自地單向表達罷了。要達到良好的溝通，有下列幾項原則：

1. **確認孩子真的在聽你說話**
2. **用詞簡短**
3. **指令要具體、有規則、無爭議**
4. **一個指令只要求一個動作，並給予5-15秒反應時間**
5. **用接納的語氣、表情及肢體語言**

【做法】

1. 確認孩子真的在聽你說話

在給指令前先叫孩子的名字，引起他的注意，並從他的反應來判斷他是否眞的聽見。許多特殊孩子有注意力不足的現象，所以要用這個方法幫助他回神。如果他眞的沒聽到，家長卻一味認爲他說謊、傲慢而堅持要他認錯，雙方就會僵持不下。因此，建議在要求孩子做事時，一定要先確認他已經聽進指示了。

另外，孩子確實有時因想要逃避，而推說以爲父母是在叫別人。因此，下指令時必須先叫名字，讓孩子沒機會說他誤會了。同時，家長叫喚孩子時，一定要注視孩子，以確實表明正在對他說話，讓他沒有模糊地帶可以逃避。這也是表達對孩子的尊重。在改變孩子問題行爲策略中，尊重是最基本的要素。然而，父母常因太忙而想取巧地遠距指揮孩子，例如：媽媽人在廚房，卻高聲喊叫客廳裡的孩子做事，這樣通常效果很差。

2. 用詞簡短

一般來說，特殊孩子專注的時間很短，加上擷取別人話裡重點及眞意的本事也弱，往往只接收到一連串話語中的某個片段，且非核心重點。因此，父母在下指令時只要說重點就好，不要夾雜自己的焦慮、擔心，或可能承擔哪些後果等補充說明。不然，孩子非常可能根本沒接收到重點，或只聽到後果，就開始和父母爭論抗拒。例如下面這個常見的例子：

案例一

小威總是邊吃飯邊喝冰水，媽媽擔心他這麼做對腸胃不好。

NG版

媽媽：「小威，不要邊吃飯邊喝冰水，不然又會像上次那樣肚子痛，到時又要看醫生打針吃藥。只要是藥都會傷身體，能不吃就不要吃啊！」

【媽媽的重點：吃飯時不要喝冰水，其他的話都不是重點。但媽媽自認解釋前因後果，會讓孩子停止喝冰水。】

【孩子擷取到的訊息：看醫生打針。打針，是他最害怕的事。】

孩子：「不要、我不要看病、不要打針。」（大哭）

【他完全沒聽到媽媽是叫他不要邊吃飯邊喝水，不是要帶他去看病。母子兩人的溝通完全是雞同鴨講，沒有交集。】

OK版

媽媽：「吃飯時不要喝冰水。」

孩子反應：停止喝水。◯【精簡，說重點】

案例二

孩子打翻玩具箱，媽媽要他收拾，而他想躲避，作勢要跑出去。

NG版

媽媽威脅說：「你給我跑跑看！」╳【話中話，真正的意思藏在話裡】

孩子反應：直接跑出去。

【媽媽的意思是不准他跑出去，但特殊孩子只能解讀話語表面的意思，就真的照字義跑出去。尤其是自閉症（含亞斯伯格症）的孩子，天生很難理解需要揣測的話中話或預告性語言，無法理解這類語句所要傳達的真正意涵，遑論執行隱藏在話中的指令。】

OK版

媽媽說：「站住！」

孩子反應：停止跑出去。◯【直接說重點】

3. 指令要具體、有規則、無爭議

也就是說，指令的背後沒有想像空間、要很明確，讓任何聽到這要求的人都可做出一模一樣的動作。什麼是「具體、有規則、無爭議」的指令？請看下面說明：

案例一

要孩子舉手。

NG版

媽媽：「把手舉起來。」

孩子反應：可能舉右手或左手。× 【不夠具體】

OK版

媽媽：「舉右手。」
孩子反應：舉起右手。◯【具體，孩子沒做錯的機會。】

案例二
媽媽忙著煮飯時，希望孩子不要來打擾。

NG版

媽媽：「你要乖。」
孩子反應：茫然，不知道要做什麼。╳【沒有規則】

OK版

媽媽：「坐在椅子上畫畫，待會兒媽媽叫你時才可離開椅子。」

孩子反應：有可遵循的規則，所以照做。◯【有規則】

【如果家長給的指令具體但孩子沒照做，就須進一步評估他是否聽懂指令。有很多時候孩子不懂卻無法表達，因而被誤會了。】

案例三

已經吃完晚飯一個多小時，孩子還在玩手機，媽媽擔心他無法完成功課。

NG版

媽媽催促：「快寫功課，不然會被老師罵。」

孩子胸有成竹地說：「老師人很好，不會罵我。」

媽媽催促：「叫你寫就寫，不要頂嘴！」

孩子反應：緊抓「老師不會罵」這點爭論不停。雙方爭執到最高點時，情緒控制力差的孩子，可能不自覺就出拳了。✕【有爭議】

【輕度亞斯伯格症的孩子最擅長抓住父母語病來辯論，而且還會把話題引到完全不相干的事情上。若家長順著他的邏輯來澄清，就落入他的圈套了。更何況爭吵時，家長須花很多時間來處理孩子的頂嘴、不服從，此時雙方純粹在角力，沒人要妥協，只想壓制對方，如此只會不斷消耗愛的存款，讓親子相處的品質下降。】

OK版

媽媽：「寫功課。」

孩子反應：放下手機，寫功課。◯【無爭議】

【不多說其他事，只明白傳遞他現在該做的事，不給任何爭辯的機會。】

4.一個指令只要求一個動作，並給予5–15秒反應時間

特殊孩子和一般人不一樣，反應指令的時間較慢，所以家長須依他的特質，給予他足夠的時間來反應。萬萬不可下完指令後，看到孩子沒立刻動作，便不耐煩地斥責他，這會

點燃既委屈又不擅表達的特殊孩子的怒火。倘若家長只聚焦在自己的不滿，而忽略孩子此時已發怒，繼續數落，宣洩自己不悅的情緒，很可能就會逼得孩子又用打人來傳遞他的憤怒。

此外，當孩子完成要求時，別忘了給予增強鼓勵，如：笑著稱讚他、抱抱他，或給他一瓶喜愛的果汁，這都會提供他繼續做下去的動力和能量，久而久之，就能培養出孩子的好行爲了。就某個程度來說，訓練特殊孩子和訓練寵物的原則一樣。其實，在大人的世界中，也有類似的例子，比方上班族因公司遲到扣薪規定而被訓練出準時出勤的行爲。

案例一

要求孩子睡前準備好明天上課所需的物品。

NG版

媽媽：「沒聽到嗎？我不是要你把水壺放到袋子中，準備好制服，然後整理書包嗎？」

孩子反應：茫然看著媽媽。╳【太多動作】

【注意力不足的孩子，無法消化大人一次給的太多訊息。】

OK版

媽媽：「把水壺放到袋子中。」

孩子反應：聽指令將水壺放入袋子。

媽媽：「把制服放到椅子上。」

孩子反應：拿出制服並放好。

媽媽再說：「整理書包。」

孩子反應：整理書包。◯【一個口令一個動作】

案例二

媽媽要求孩子睡前整理書包，孩子說好，卻坐在椅子上沒動。

NG版

媽媽怒罵：「你還不動！不是答應了要整理書包嗎？」

孩子回嗆：「我、要、做、啦！」×【沒給反應時間】

【特殊孩子的大腦中，掌管「知與行」區塊的聯繫經常不太順、速度慢，如同用極細的水管接水，需要較長的時間才能接滿一桶水。倘若父母不了解這一點，繼續催促孩子，他會因做不到又難以解釋清楚而產生極大壓力。在「他的」定義中，這種狀況可能叫做「危險」，所以他會反射性地以攻擊模式來自衛。因此，家長在下指令後，一定要給孩子約5到15秒左右的反應時間，盡可能不要觸怒他。】

OK版

媽媽：「整理書包。」並靜靜站在他身旁等他「暖機」。

孩子反應：看看媽媽，想一想，再慢慢整理書包。◯【給予足夠的反應時間】

5.用接納的語氣、表情及肢體語言

研究指出，當一個人說話的語調、面部表情和肢體語言，即非言語溝通部分，和他說話的內容不一致時，對方會傾向相信他的語調、面部表情與肢體語言，而不是他所說的話。簡言之，即使你不說，別人也會透過語氣表情感受你眞實的態度和情緒。因此，想要有效教養天生可洞察對方眞心的特殊孩子，展現接納語氣、表情和肢體語言是成功關鍵。

話雖如此，但在面對孩子一而再、再而三的脫序行爲時，要家長不動怒地接納包容，眞的很困難。建議家長們先穩定自己情緒，接著以和緩篤定的語調、眞誠的表情及敞開的肢體動作，展露出接納而非拒斥的態度，就能讓孩子聽話。即使說話的內容是在指正他，孩子卻可在沒有情緒迷霧的遮掩下，看到對方了解接納的眞心，而願意接受教導。

遵循良好的溝通原則，可協助孩子正確接收家長的指示，不但父母教養起來輕省，孩子也減少發飆打人、耗費能量的機會，讓親子雙方都更輕鬆快樂。

小太陽悄悄話

想讓特殊孩子願意聽家長的話，得配合他的天生特質，用他能接收進指令的溝通方式才行。這些溝通原則包括：確認孩子有在聽你說話、用詞簡短、說重點、指令要具體有規則無爭議、一個口令一個動作、等待他的反應，及用接納的語氣、表情和肢體語言來互動。忙碌的父母要擠出時間來學習這些新技巧，很累，但總有一天，將微笑著收成這些辛苦栽種的甜美果實，加油！

【專欄】

遇見未知的自己

我也總卡在這一關。

直到有一天，看到兒子又做錯事，我媽媽以平穩堅定的語氣及關懷的表情來糾正他。剛開始，我還怕他又會不受教地反擊，但孩子竟表情柔順並頻頻點頭說好，我眞是驚訝極了。此刻，我才恍然大悟：原來以和緩篤定的眞誠語調、表情及肢體動作而展露出的接納態度，才是讓孩子聽話的要點。

在媽媽平穩的語調中，我感受到她堅定之愛的力量：媽媽爲了孫子好，不怕得罪他，也要理直氣和地循循善誘、清楚明白地對兒子解說他行爲不妥的地方，並給出改正的方向。這一刻，我深深覺察到爲何自己常會動不動就對孩子生氣，其實，是我內在恐懼擔憂兒子不聽我的指令，將來會過苦日子；但自己卻又黔驢技窮地無法改變他，在強烈的焦慮下，我便不自主地用憤怒來掩飾、逃避自己巨大的無力感！

另一方面，我也看到自己不能像媽媽那樣，理所當然直接說出心中想法。在追尋答案的過程中，隱約瞥見懦弱、畏縮、怕孩子又愛發脾氣的自己，爲了親子和諧的表象而選擇隱忍，不敢對孩子說出自己的感受需求……天啊！我竟然在討好孩子！逃避無力感及討好孩子，都與我堅毅幹練的自我形象大相逕庭，難道，我一直在用女強人的外在形象，來掩飾自己脆弱無力的眞實內在嗎？正因內在脆弱，所以才動不動就用強勢言行來捍衛自己的存在空間，就像愛叫的狗一樣，藉由狂吠來遏止別人接近全身顫抖的自己。我，其實是沒有勇氣表達自己內心想法的，因而用發脾氣的樣貌來面對孩子的脫序行爲。

這個發現讓我震驚萬分，此時，心底忽然湧現一股說不出的情緒，這強烈的感受讓我忍不住掉下眼淚。淚水，訴說著我藏在心底深處的悲傷……以前，若是面對這突如其來的情緒，一定逼著自己趕快收起淚水；但，現在我懂得要同理自己、陪伴自己、接納自己的所有感受、允許自己可以難過。就在這樣的自我陪伴下，糾結的心才慢慢鬆了下來，緊縮的喉頭也能流暢地吞口水了，此時，體驗到久違的輕鬆和自在。

沒想到，因教養孩子的困境，卻意外遇見未知的自己，那個不敢表明眞實想法的自我，此時，我感到更親近自我內在。隨著這覺察，也看到自己須加強調整的部分，領悟到：想要擁有和諧的家庭生活，要改變的不只是特殊孩子，還有居帶領地位的家長，需要變得更勇敢、堅強、穩定，因爲無力的父母沒法給出足夠的力量，來擁抱特殊孩子的眞實樣貌。跳親子雙人舞時，資深舞者的舞技若不好，可是帶不動需要大量支持的資淺舞者呀！

有效的溝通

「見人說人話、見鬼說鬼話」這種人際應對似乎給人負面印象，但其「配合對方、以對方為主來改變說話方式」的精神，十分適用在與特殊孩子的溝通上。

【對策】配合孩子的狀態來說話

家長可善加利用和目的一致的語句、給予選擇、近期利益、說自己的故事這幾種方法，來引導孩子。

【做法】

1. 說和目的一致的語句

當家長回應孩子時，注意不要用貶損或威脅的語句，這和我們的目的不一致。以小威被路人撞而打人事件為例，通常家長會用下面的句型回應：

貶損句型：手插腰、皺眉、瞪眼看著孩子說：「你又來了！每次都這樣亂打人，到底要我說幾次，才可以不打人？你這個壞孩子！丟我的臉！」

【家長經常對孩子表達不認同、否定、鄙視，久而久之，他就會變得很沮喪、自卑及沒自信。】

威脅句型：瞇著眼、手指孩子、以低沉口吻說：「你再打人就一個月不給你零食吃！」

【即使語氣沒有很強烈，但家長仍在表達否定孩子、不接納孩子。貶損和威脅句型都是在否定孩子。】

反應句型：大聲尖叫：「不可以打人！」

【這完全反應家長自己的情緒，絲毫沒顧慮到孩子的觀點。家長最易講出這個句型。】

下面兩種是有助於溝通和教養的正面句型：

教育句型：用平穩語氣說：「不可以打人，打人是不對的，我們一起跟對方說對不起。」

【明白告訴孩子他做錯了，並示範教他該如何處世。】

處理句型：以輕鬆平緩堅定的語氣說：「你是不是好氣別人撞你，來，我們一起深呼吸。」【對輕度的孩子】

「小威好生氣，來，我們深呼吸。」【對中度的孩子】

「好氣，來，深呼吸。」【對重度的孩子】

【處理句型的目的是在解決問題。安全是最高指導原則，用意在緩和當下劍拔弩張的狀況，不讓孩子的情緒一直飆升上去。】

貶損、威脅句型會打壓孩子的自信，反應句型對解決孩子問題行爲也沒幫助。但教育句型可引導孩子提升處事能力，處理句型則可遏止孩子高漲的情緒繼續飆升。所以當家長在面對孩子脫序行爲時，必須保持清明，理智地設定出當下期待的目的，然後說出符合目標的回應句型，才可順利解除危機。

也許，小威媽媽會問：「一看到孩子又打人，就想馬上制止他，根本沒時間思考要用哪種句型！」

沒錯，這是一般人的反應。但身爲特殊孩子的家長，爲了要好好陪伴並引導孩子被社會接納，勢必要學習進階版的養育技巧。這種超級理性的應對手法，本來就不是一般人的慣用模式，父母們得有意識地刻意突破慣性來學習，還得加上不斷的練習直到成爲反射動作爲止。很不容易，但一旦練成，家長將成爲令人欽佩的EQ高手，不只可教出更能表達情緒的孩子，在自己未來人生的其他關係上，也會有極大的助益，是很值得投資的目標！

除了使用合適的句型外，語氣和表情也很重要。當孩子情緒高漲時，語調一定是高亢的，這時家長必須用低沉輕柔的聲調來安撫他：「你．很．生．氣，放．鬆，我．們．一．起．數．到．十。」並刻意放慢速度地數數，不要因爲自己很激動而不自覺地越數越快，這樣孩子也會跟著越來越緊張。

另外，千萬別以爲自己極力隱藏不悅感受，孩子就感受不到。特殊孩子可是地表最強的情緒偵測器。有一次兒子發飆，我刻意用很緩和的語調說著處理語句，但性急的我很快就失去耐心，當我受不了他的固執，不自覺稍稍翻了一下白眼。這下糟了，超敏感的兒子立刻捕捉到我的白眼，瞬間火山爆發……先前所有的努力全都破功！眞是片刻都不能疏忽，不然很容易功虧一簣。

2. 給孩子選擇的機會

當人擁有選擇權時，配合對方的意願會增強，這是人性，特殊孩子也不例外。家長會擔心孩子無法做出正確判斷，這很正常，但還是要給他們選擇的自由。該怎麼做？父母可以提供一個安全範圍，讓他在這裡頭去選擇。

記得兒子小時候對氣溫的感受很遲鈍，有一年暑假，我訓練他自己挑衣服穿，他竟然選了長袖襯衫，讓我好驚訝，結果最後依然是我替他決定穿哪件衣服。第二回我再要求他自己選衣服時，他茫然地看著我說：「我不會挑。」我既生氣又沮喪，心想我這麼聰明，怎麼會生出一個連挑衣服都不會的孩子？當時無知的我完全沒覺察到，自己已親手摧毀兒子的信心。

後來我才學會，給孩子選擇的自由時，須先安排一個讓他隨便挑都不會出錯的安全範圍，並在他做了決定後立刻給予大大的讚賞，這樣他才會產生信心，願意繼續嘗試，朝向自我照顧的方向發展。所以我的修正安排是：在夏天讓他挑選的都是短袖衣物，如此他就不會選到大衣了。而且不管他選哪一件，我都稱讚他眼光獨特，做了最棒的選擇。這樣，豈不是皆大歡喜！至於他選的衣服好不好看並不重要，建立起他的成功經驗，才是重點！

另外，家長們也可以從小地方開始練習。先給孩子兩個以上的選項，譬如：問他要先吃肉、先吃菜，還是先喝湯？先洗澡、先遊戲，還是先吃飯？換句話說，就是提供事先過濾、可控制且孩子做得到的選擇題，而非開放式的問答題，如過年要到哪個國家度假，這對特殊孩子來說範圍太大了，以他的認知能力根本無法做出正確的判斷。

親子間的信任也是促成孩子聽話的重要因素，因此家長須信守承諾，說到做到，不可假民主眞專制。如果是孩子沒得選的事物，就不要去問他意願。例如問他：「今天要不要上學？」他說：「不要！」家長本能回說：「學生怎麼可以不上學？」如此一來，孩子會覺得父母在耍他，說不要上學還是得去，那幹嘛還要問他，這一切都是假的。這行爲簡直是父母拿石頭砸自己的腳，只會耗損親子間愛的存款，建立不信任的關係。

所以讓孩子選擇前，父母要先想清楚：「眞的可以接受他的拒絕嗎？」如果不能就不要問，直接下指令，才不會使孩子混淆。家長也可先同理他，說：「我知道你不想上學，但學生一定要上學，你想休息五分鐘或十分鐘再去學校呢？」這個問句中，上學這件事沒有商量餘地，但孩子可以選擇緩衝的休息時間。

3. 近期利益

對較沒耐心的特殊孩子來說，他寧可選擇眼前馬上可吃到的一小塊雞肉，也不要一個月後才能得到的整隻雞。所以我們得順著他的特質來引導。如果家長想用增強法來讓孩子聽從指令，那麼獎賞兌現的時間就不可以太久。我常在兒子一完成要求後，「立刻」笑著給他獎賞，並稱讚他好厲害，可以把事情做得這麼好，藉此不但鼓勵他以後繼續配合媽媽，還能提升他的自信心，增進彼此間的和諧相處。

此外，指令須圍繞孩子自身的好處，這樣他才會「有感」，進而啓動配合的意願。在眼前利益的強烈驅策下，他會乖乖合作，這招用在自閉症或亞斯伯格症的孩子身上非常有效。

4. 說你的故事

以前和孩子閒聊時，經常發生一個令我很頭痛的狀況：當他告訴我學校發生的事時，明明我只是在表述自己的觀點（和他的觀點不同），但兒子竟懷疑我在指責他，對我亂發脾氣，無論我怎麼解釋都沒有用，最後鬧得不歡而散。爲此我困擾很久，後來終於搞懂：特殊孩子因爲過往有太多被責罵的經驗，所以傾向用負面角度來解讀眼前的人事物。這就像長期被凌虐的流浪狗，看到陌生人對他伸出手，一律解讀為又要被打而立刻逃開。明瞭孩子有這樣的防衛心態後，當我想要教導他某個觀念時，會改以自己為主角，向他解釋我做這個決定時的來龍去脈及考量，讓兒子在輕鬆安全的情境下，把我的觀點聽進去。

有一晚我半夜邊打哈欠邊揉眼睛地趕企畫案，被起床上廁所的兒子看到，他問我為什麼這麼累還不去睡覺。我逮住機會，向他解釋準時、負責任及被信任的重要性。隔天晚上催促他去洗澡時，常遲交或不交小組作業的他，竟然很慎重地告訴我做人要負責任，他必須完成小組報告中自己負責的部分，並說負責任是多麼重要。

當下，心裡覺得好笑，他其實是在重複我昨晚說的話；但我不能說破，還要很誇張地極力讚揚他的責任心，以強化他的正向行為。

小太陽悄悄話

如果我們要跟不懂中文的義大利人溝通，是不是得設法用他會的語言來交流？如果堅持說中文，恐怕永遠也無法交流。同理，當家長想要讓特殊孩子聽話，得先進到他的世界，用他的邏輯來溝通，藉由和目的一致的語句、給予選擇、近期利益及說你的故事等策略，來鬆動孩子固著僵化的思維模式，盡量讓他處在無壓力的狀態下，才可能打開心門接受你的訊息並願意配合。

運用情緒的氣象報告

在正確時機使用有效的溝通法，能讓家長事半功倍，但什麼是正確的時間點？這端視孩子現在處於哪種情緒階段，不同的情緒階段有各自合適的處置方式。在本節中，我要介紹一個非常便利的工具——情緒曲線。它是情緒的專用氣象報告，可協助家長掌握孩子的情緒動向，找出最適當的處置，以成功避開情緒的狂風暴雨。

【對策】情緒曲線

「情緒曲線」理論由美國知名學校安全及暴力預防專家傑夫．科爾文（Geoff Colvin）博士所提出，可讓父母清楚孩子的情緒如何從小火苗變成熊熊烈火，然後熄滅恢復到平常狀態的完整演變歷程，總共七個階段：平穩期、促發期、震動期、加速期、頂峰期、緩和期和恢復期等。家長可根據孩子的情緒發展階段，做出相對應的合適處理策略，安全引導他走過情緒風暴，並訓練孩子學習如何適切面對處置自己的怒火。

【做法】

行爲，是人的生理、心理或情緒及認知狀態（也就是腦中正在想的事）交互作用後所表現出的樣貌。因此，想要有效控制孩子的行爲，得先細細觀察他生理、心理表現，判斷他此刻狀態，才能做得出正確的應對。

在發飆行爲曲線的七個階段中（圖二），每個階段轉換的速度因人而異，也許有人由第一階段進展到第五階段，只須幾秒鐘或一分鐘就走完；也有人可能來回移動，等跑完七個階段，已經一個小時了。此外，也不見得每一個階段每個人都表現得很明顯。情緒曲線適用於所有人，無論是輕度還是重度的孩子，或是正常的家人及朋友，全都適用。下面將針對每一期在生理、情緒、認知及行爲的特徵稍做說明（表一）：

（圖二）發飆行為曲線（Acting-out Behavior Cycle）

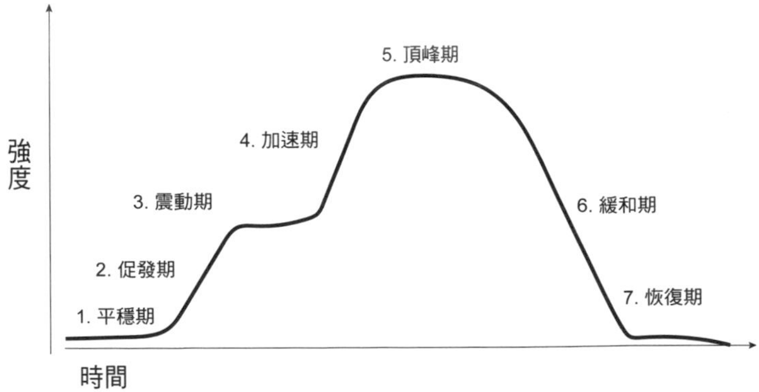

Phases of Acting-Out Behavior. Source: Colvin （1992）

(表一)發飆行為曲線的發展

階段		1. 平穩期 Calm	2. 促發期 Trigger	3.震動期 Agitation	4.加速期 Acceleration	5.頂峰期 Peak	6.緩和期 De-escalation	7.恢復期 Recovery
特徵	生理	呼吸、心跳、脈搏、肌肉張力及血壓等生理狀態是平穩的	緊張,但肉眼看不出來	反應明顯可見,呼吸急促、肌肉緊繃、眼睛東看西看等	咬牙切齒、臉紅脖子粗、頻頻大力呼吸、緊握拳頭等	出現發飆行為,嚴重威脅自己或他人安全,行為包括自傷、攻擊、施暴、破壞東西、尖叫、逃跑、哭喊、暴怒等	趨於和緩,但還在喘氣	平穩
	心理/情緒	情緒平穩,心理功能運作正常	略微波動,已受到挑釁、被懲罰或需求未被滿足,但當事人沒察覺	出現急躁不安、憤怒等負面情緒	強烈激動		情緒強度慢慢減弱,理智漸漸回來,感到懊悔、羞愧、害怕被處罰或被放棄	情緒平穩,心理功能運作正常
	認知	專注於任務/現在正在做的事	分心	出現負向或非理性的想法	矛盾,努力壓抑憤怒,但又壓不住		想逃避或改過自新	專注任務並逃避檢討
	行為	合作投入任務行為	開始出現非任務行為	任務行為比例少很多,非任務行為占多數,無法專注完成被交代的事。同時,出現非溝通口語,如嘆氣、喃喃自語地抱怨、詛咒等	僵住,沒行為		怪罪或討好他人(較願意配合指令)	合作投入任務行為
案例說明	小威和弟弟在書房畫畫	小威心平氣和地專注畫畫(任務行為)	弟弟邊畫圖邊發出聲音,小威開始不專心並一直瞄著弟弟	小威變得心浮氣躁,先是嘆氣,接著喃喃自語地抱怨為何媽媽要生下弟弟來吵他	小威停止畫畫、緊握著筆、鼻孔翕張。弟弟回嗆:「媽媽不要生你才對,哼!」並推小威	小威拿起彩色筆盒,不斷用力猛敲弟弟的頭,弟弟大哭	不管小威有沒有表現出來,但他內心知道做錯,很懊悔。可能會露出羞愧的表情並討好媽媽說:「媽媽,你要喝水嗎?我幫你倒。」也可能想要逃避而歸罪他人,說:「都是弟弟鬧我,我才會打他。」	小威乖乖繼續畫畫(回到任務行為)

在第一階段平穩期時，孩子的心理運作處在正常狀態，也就是說他的注意力、記憶力、判斷力、挫折容忍力、執行力等等心理功能的運行沒被干擾。例如：在考試前，孩子腦中想的應該是任務行爲（在這時空內該做的事），也就是專心讀書不要想別的。

當孩子邊寫功課邊抖腳時，代表他已「分心」，出現與讀書不相干的行爲，這就是第二階段促發期的最大行爲特徵。

第三階段震動期行爲的最大特徵就是口語，孩子已不高興，開始不理性地「抱怨」。倘若是沒口語的孩子，就會開始發出奇怪的聲音來表達他的不舒服。

第四階段是加速期，處在這時期的孩子，最大的特徵就是「凍住、沒行爲」，杵在那裡不動。這現象往往會讓家長誤以爲他沒事，但其實孩子正在壓抑他的憤怒，此刻他內在是很矛盾的，正處於要不要發飆的天人交戰中。

第五階段頂峰期的最大行爲特徵就是「發飆」行爲，想打的就出手、想罵的就罵出口，生理處在激動狀態下，心理功能運作則完全不正常，理智、判斷力全都不見，只剩下憤怒感受。

第六階段緩和期，也是家長要特別注意的階段。此刻孩子心理上的最大特徵是「羞愧感」，當飆升的情緒慢慢降下來，理智也隨之回神，當心理功能恢復正常，孩子會驚覺自己做了不該做的事，會爲自己的錯誤感到不好意思。這時家長若處理得當，孩子就可平順進展到第七階段，讓整個暴走事件平安落幕。

家長要特別留心的是，雖在緩和期，但孩子高漲的怒氣其實尚未完全消除，只是慢慢降溫，倘若父母看到他露出後悔表情，就以爲他已不生氣、知錯，然後開始教訓他，這會讓他惱羞成怒，又回到情緒頂峰的第五期，再發飆一次。

第七階段是恢復期，最大特徵是「專注任務並逃避檢討」，他會由不願寫功課變成主動去寫，且因羞愧自己犯了不該犯的錯而想避談此事。一般說來，孩子在此時會乖一陣子，但沒多久還是會故態復萌。

如果家長能順著孩子的情緒曲線發展階段，給予適當的應對措施，就可有效降低孩子日後暴走的強度和頻率，例如由目前的一周打人一次，進步到一個月才打一次。倘若孩子能有這樣的進展，會讓父母感到十分安慰吧！

溝通在情緒曲線各階段的應用

在情緒曲線的各階段中，孩子的身心狀態都不同，因此，家長因應的處理原則和溝通重點也須靈活改變。至於何時該選用「教育」或「處理」的策略，請參閱表二的說明。

（表二）溝通在發飆行為曲線各階段的應用

階段	1. 平穩期 Calm	2. 促發期 Trigger	3.震動期 Agitation	4.加速期 Acceleration	5.頂峰期 Peak	6.緩和期 De-escalation	7.恢復期 Recovery
策略 該做什麼／	教育	處理					教育
處理原則		1. 協助解決背後真正的問題 2. 轉移注意力			安全	同理	
介入方式	給予增強	發現先兆	反應中斷	重新指令	退出戰場	故意忽略、同理	給予增強
溝通原則	1. 視覺提示 2. 環境線索 3. 順序性 4. 練習 5. 契約書	1. 使用「肯定型」語句溝通 2. 同理：說出孩子的情緒或想法	1. 不要用孩子語言字面上的意思來對談，要探究他話語背後真正想傳達的想法 2. 同理：說出孩子的情緒或想法 3. 使用簡潔的語句 4. 注意自己的肢體語言、語調和語氣	1.引導孩子降低攻擊力 2.注意自己的肢體語言、語調和語氣 3.使用簡潔的語句 4.以「同一陣線」或「幫助者」的角度對應，避免對立 5.尋求孩子的合作	1.冷靜，特別注意自己的遣詞用字、語調和語氣 2.減少語言刺激 3.必要時指令簡潔，以「動詞」為主 4.確保安全 5.「等」，用溫柔等待與堅持的態度	1.同理：幫孩子把他的情緒、感覺或想法說出來 2.互動時注意彼此間的位置 3.注意遣詞用字、肢體語言、語調和語氣 4.家長要避免侃侃而談長篇大論 5.溫柔等待與堅持	1. 視覺提示 2. 環境線索 3. 順序性 4. 練習 5. 契約書
溝通內容	給予注意，增強適當行為	找出問題來源，並幫忙消除導火線	讓孩子知道父母了解他的問題並給予關注，讓他靜下來，或讓他做些他喜歡的活動	以冷靜、講重點、不糾正的口語阻止孩子問題行為，同時引導他做出適當行為	從事件中抽離，不要加入權力抗爭、給予選擇	避免火上加油、指責孩子。木已成舟，此時，最重要的是不要去刺激他，若急著和他檢討剛才發生的事件，或批判他的對錯，會讓他惱羞成怒，又退回到發飆的頂峰期。同時，要保證他是安全的，他在感到安心後，才能進展到第七期	孩子已恢復平穩，想回到團體中並逃避討論該發飆事件。家長須接納、引導教育他，幫助孩子整理事件過程，並讓他從中有所學習。此外，對於他的改變，也要正面回饋

事件案例說明	小威心平氣和地專注畫畫（任務行為）	弟弟邊畫圖邊發出聲音，小威開始不專心並一直瞄著弟弟	小威變得心浮氣躁，先是嘆氣，接著喃喃自語地抱怨為何媽媽要生下弟弟來吵他	小威停止畫畫、緊握著筆、鼻孔翕張。弟弟回嗆：「媽媽不要生你才對，哼！」並推小威	小威拿起彩色筆盒，不斷用力猛敲弟弟的頭，弟弟大哭	不管小威有沒有表現出來，但他內心知道做錯，很懊悔。可能露出羞愧表情並討好媽媽說：「媽媽，你要喝水嗎？我幫你倒。」也可能想要逃避而歸罪他人，說：「都是弟弟鬧我，我才會打他。」	小威乖乖繼續畫畫（回到任務行為）
處理案例說明	在小威乖乖畫圖時，就要稱讚他，延長他處於平穩的時間，或拔除他發飆的機會	要求弟弟停止發出聲音或帶走弟弟，幫小威過濾掉刺激源	平穩地告訴小威：「我知道你很生氣，來，一起深吸一口氣，再慢慢呼出來。」然後帶他去喝杯水，等他恢復情緒；但之後還是得回來繼續畫畫	你可緩慢地說：「小威，深呼吸。」等他情緒穩定時說：「你做到了，很棒！」	媽媽把弟弟抱到客廳安撫，分開二人，在確保小威和弟弟都安全的情況下，態度溫和但堅定地讓小威選擇「要坐好，或一周不看電視。」給他時間和空間考慮，並耐心等待他的回答	狀況一： 媽媽回應：「謝謝。」 →→順利進到第七期 狀況二： 媽媽誤以為小威已平靜下來，想要教訓他，怒斥：「全家你最大，我們都很怕你！」→→小威立刻變臉，乾脆躺在地上大吵大鬧，又回到發飆的第五期	家長此時可提醒他說：「剛才你的手…」他會不好意思地陪笑。也可引導他或和他討論，下次生氣時要如何處理情緒

特別要提醒的是，在整個過程中，家長都得保持淡定，因爲父母的情緒一旦高漲，孩子的情緒也會跟著高起來。這時，最好換人處理，譬如媽媽已開始生氣，就由爸爸來接手處理。

「是孩子做錯事惹我生氣，我爲什麼要壓住脾氣來配合他？」也許小威媽媽會這麼抗議。我也曾糾結在這想法上，躊躇許久。然而，如果目標是要解決孩子的問題行爲，就得拉高視野，以大局爲重，不能計較誰對誰錯或誰該先低頭。倘若身爲正常人的父母都不願意先調整，天生有限制的特殊孩子更不可能主動改變，他們需要父母正確的指引，才有進步的可能。

剛開始運用處理策略時，想做卻做不來。後來發現了一個訣竅：在我開始生氣時，先去覺察此刻關注的焦點是落在自己身上？還是孩子那邊？一旦分辨出來，就較能成功按照應對原則來互動。如果只堅持考慮自己的情緒，就會覺得自己是受害者而越想越氣；倘若能將重心擺在如何讓孩子怒火下降的考量上，自然就會忽略自己的感受，而理性地做出合適的回應。

如果連這樣也很難做到，建議家長在氣頭上時，乾脆閉上嘴、完全不回應。就算是自燃的木頭，在沒添加任何燃料的情況下，過一段時間火自然就慢慢熄滅。

關鍵在於第二期到第六期的處置

當孩子處於第二到第六期時，心理功能是在不正常狀態，根本聽不進父母的話，因此，這時的應對策略是「處理」，目的是要帶孩子離開情緒風暴圈，不要在此時和他論對錯、講道理。家長須覺察自己當下的感受，注意語調不要因爲太心急而不自覺地變得短促，因爲孩子的情緒會與父母的焦急共振而緩和不下來。

特別要提醒的是，在第五階段頂峰期的發飆行爲當下，解決重心是「安全」，目標是讓孩子的強烈行爲緩和下來，千萬不要激怒他。假使他正在打人，先用簡短的同理、重點式地說：「氣死了！好氣！【讓他意識到父母知道他在生氣】」這時，家長只是扮演鏡子的角色，映照出他的憤怒，並非同意打人的行爲。接著，家長可平穩堅定地說：「放鬆，爸爸（媽媽）幫忙。」不能說太長，因爲孩子不見得能擷取到重點。

處理第六期，必須完成二個步驟：**一、先同理孩子**。此刻他的情緒特徵是羞愧，所以要協助他降低羞愧感，以免他因惱羞成怒而重回第五階段的發飆頂峰期。孩子現在後悔打了人，很擔心等一下會被責罵或處罰，假設家長說出他的想法、擔憂或感覺：「你擔心被我罵。」就能減緩他的焦慮。**二、保證孩子是安全的**。這時孩子的心理狀態是害怕被處罰或被放棄，所以父母要給孩子希望，讓他感覺自己還有機會，這樣孩子才能在被接納和安全的感受下，安心進展到第七階段情緒恢復期。告訴他「我沒放棄你」的做法是，不須告訴孩子做錯事就必須接受處罰，而是承諾會陪他共同解決問題，讓他知道自己不是孤單一人，將有人陪他一起面對。這點很重要，否則，孩子又會回到第五期或第四期，一直反覆發飆而無法走完情緒曲線歷程。

此外，家長可在孩子情緒平穩的第一及第七期教育他，搭配一些增強物，和孩子約定行爲契約，日後若他做到哪些項目就可加分，觸犯哪幾條會被扣分，再依照總得分給予孩子喜愛的物品。

倘若家長能在孩子一開始不高興時，適切引導並切斷他揚起的情緒，也就是說，一旦發現孩子已分心，就幫他做好環境控制，解決掉讓他不開心的起因，便可降低他打人的頻率。如小威被弟弟發出的聲音干擾而不能專心畫畫，此時媽媽帶走弟弟，就可停止刺激源而讓小威回來繼續畫畫。這樣，也許他就不會發展到下一個階段，而避開情緒愈演愈烈一發不可收拾的慘狀。

最佳狀態是，努力將孩子維持在第一期的平穩狀態，表現良好就定期給他所需的關注及讚賞，以助他處在太平時期，親子雙方都能皆大歡喜。畢竟，阻擋火源比撲滅燎原大火，輕鬆多了。

小太陽悄悄話

要發揮情緒專用氣象報告——情緒曲線的強大功效，家長須花時間去觀察、記錄，以區分孩子在這幾期的變化，也許他每一期的表現都不會很明顯，但仍要試著去發掘出來。最重要的是，家長必須不斷演練這套應對模式，才能讓自己在孩子發飆的瞬間不會慌了手腳，而能做出合適的回應。

使用情緒氣象報告做進階溝通

藉由情緒氣象報告，家長可依照上一節所介紹的情緒發展階段來選用適當策略，通常都能化險爲夷將孩子安撫到平穩階段。過程中最重要的關鍵是，掌握主控權的家長是否可以淡定得宜地出招。

【對策】保持冷靜才能引領孩子走完歷程

想要做到妥當的帶領，須留意下列事項：

1. **處理的速度：**孩子問題行為發生時，不需要無秒差地立即處置，應先觀察判斷其行爲的嚴重程度是落在攸關傷亡的緊急紅燈區、干擾人的黃燈區或沒有什麼困擾的一般狀態綠燈區，再來決定是否需要立刻處理或暫時擱置。
2. **正確地說話：**先選定我們此刻的行爲目標是教育，還是處理，根據目標說出符合目標的句型，才能引導孩子的情緒往家長期待的方向走。
3. **情緒解套法：**孩子要完全進入情緒曲線的第七期，才算安撫成功。家長可透過接納孩子的情緒、引導行爲和即時回饋等步驟，帶領他走完曲線的所有歷程。

【做法】

1. 處理的速度

孩子生氣時的行爲，可分爲紅燈、黃燈和綠燈三種狀態。只有在紅燈區時才需要立即處理，其他都可慢慢處理。倘若不分輕重緩急樣樣都要介入，家長很快就會耗損掉所有精力和能量。

在紅燈區時，孩子的激烈行爲會對自己或別人造成安全上的問題，像是自傷或攻擊人，得立即做危機處理。舉例來說，小威口不擇言地說要殺掉弟弟，雖然家長不知道他們發生了什麼事，仍須理性地以同理心回應他說：「你眞的被弟弟氣死了！」先遏止他的怒火繼續蔓延。千萬不可因爲自己被孩子的話激怒而回嗆：「殺啊！你敢殺就去殺啊！」萬一小威聽進這些話，眞的去殺弟弟，那就糟了。再提醒一下，很多特殊孩子無法理解父母的言外之意，會把字面的意思當眞。

黃燈區的行爲是指孩子做出干擾自己或別人的行爲，無法融入團體中，或影響團體運作但無危險行爲等。這些行爲會讓人討厭，覺得很麻煩，但無安危考量。同樣的行爲，在不同家長的眼裡也可能不一樣，例如：過動的孩子把衛生紙丟進垃圾桶時，常漫不經心地丟到桶子外面而不自知。此時，若父母個性也是大而化之，便不太在意；但若遇到有潔癖的父母，就會非常在意而發脾氣。可見，煩人行爲對每個人的定義不盡相同。

2.正確的說話

特殊孩子不高興時，會因爲家長所說的話語句型，而引發不同的反應。換言之，家長要先分辨自己的話是屬於教育、反應、處理，還是否定句型，並意識到這些話將引發孩子做出什麼回應；而非一味責怪小孩不聽話，卻搞不清楚自己到底說了什麼而激怒孩子。其實很多時候家長才是逼出孩子發飆行爲的元凶，因此，家長也要爲孩子的暴走負責。

然而，未經訓練的父母一看到孩子情緒飆升，往往都會反射性地用「教育」或「反應／否定」句型來回應。這是人之常情，因爲家長會擔憂孩子若持續這樣的行爲，將來可能會被社會排斥，而焦急地想導正他。可是特殊孩子一旦生氣，耳朵也會連帶關上，這時教育完全無效。況且，「反應／否定」句型只是在表達家長本身的情緒感受，完全沒有顧及孩子的心情。正確的處置方式是當孩子情緒揚起時，父母只能理性地使用處理句型，才能緩和孩子的情緒。

特別提醒，家長安撫孩子時，不但要有意識地說出符合目標策略的句型，還須搭配一致的表情、語氣和肢體語言，才有辦法平撫孩子的情緒，順利陪他走完發飆歷程。

3. 情緒解套法

特殊孩子難以理解他未經驗過的事、拙於舉一反三或吸收新觀念，因此，父母可利用他在情緒曲線的恢復期，趁他記憶猶新時當場教育。這樣比起過了好幾天才跟他說道理，孩子更能體會父母想告訴他什麼，教育的效果也會更好。

不過，恢復期有「逃避」的心態，家長如何在他不願談論的心態下和他討論改善方案？這時，可採用「接納情緒」、「引導行爲」、「正面回饋」這三步驟，幫助孩子從事件中有所學習。這套方法也能應用在平日訓練新習慣的養成，或者達成希望家人做出我們期待的行爲要求。這三個步驟的操作方式如下表：

（表三）情緒解套表

步驟	目的	策略（怎麼做）	進展方向
1. 接納情緒	阻遏或削弱情緒	1.同理 2.鼓勵	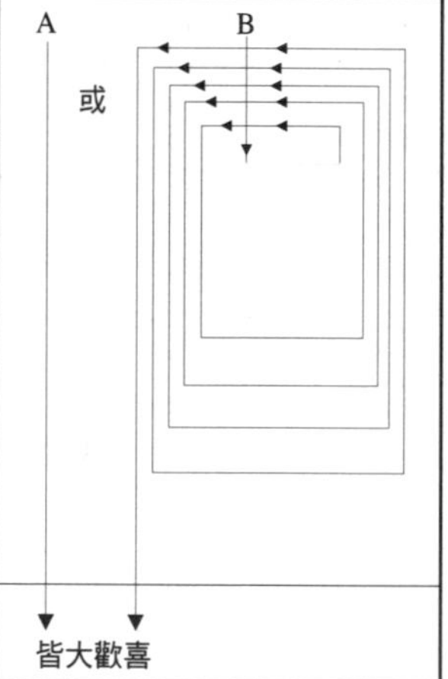
2. 引導行為	引導期待的行為	1.指令 ◦ 嚴厲 ◦ 邀請 ◦ 有條件的指令 2.選擇 3.協商 4.鼓勵合作 5.撤退 ◦ 主控權給他 ◦ 收回選擇權	
3. 正面回饋	增強好行為	1.感謝 2.讚美	

步驟1：接納孩子的情緒

首先要澄清一個觀念：情緒是中性，無分好壞；人有情緒是正常的，應該被接納。當父母誠心願意接納孩子的情緒時，所抱持的心態是開放且沒有先入爲主的判斷，此刻便可以做到「聆聽與觀察」，這有助於了解小孩爲何要發飆，他們想傳達的需求是什麼？家長需要關注的是，孩子表達情緒的方式是否干擾到別人或自己。當孩子的情緒被家長接納後，最起碼他的怒火不會繼續往上升。

前面談過，同理心是消除孩子怒氣的好方法，現在，再加上「鼓勵」這招。值得一提的是，家長很容易把「鼓勵」和「讚美」畫上等號。其實兩者不盡相同，讚美指的是稱讚孩子良好的表現；鼓勵則是給予孩子正面的推力。就算父母不認爲他些微的改變值得鼓勵，仍須強化這改變，才會讓孩子繼續願意（以他的速度）做出父母期待的行爲。

鼓勵的「標的物」也十分重要，因爲這等於告訴孩子：「我要的就是這個！」所以家長要先釐清自己的目標爲何，才能朝這方向說出正面的話。家長應鼓勵的是孩子「此刻」的「努力」或「能力」，如此對他的能力提升才有實質的幫助。例如：

NG版

孩子：「媽，我國文考99分。」

媽媽：「好棒喔！考了99分！」×【稱讚分數】

【孩子會誤以為分數是重點，不知道學會才是教育的目的。這樣他往後只會看重分數，若分數不高就會生氣。】

OK版

媽媽：「好棒喔！小威詩詞的部分都做對了耶！」○【稱讚能力】

步驟2：引導行爲

這步驟的目標是要把孩子的行爲由紅、黃燈區轉移到綠燈區，透過指令、選擇、打折的協商及哀兵的鼓勵合作等策略來引導孩子。如果只有命令式的指令，難以成功，還須配合下面訣竅。首先，避開「不」字，只要說出期待的內容。特殊孩子的生命中，充斥著許多限制、要求和批判，所以他不願再聽到否定的話語，尤其是亞斯伯格症和自閉症的孩子，對「不」字很敏感，聽到就抓狂。例如：

弟弟開心玩著新買的兩台小汽車，小威從房間出來看見汽車，立刻伸手去搶，惹得弟弟大哭。

媽媽怒斥：「放下弟弟的汽車！玩你自己的！」【嚴厲指令】

媽媽：「想玩汽車，來，我們玩你昨天新買的汽車。」【邀請指令】

媽媽：「想玩汽車？手放下來。」【加條件的指令】

狀況A：小威乖乖聽從上述任一指令，接著到步驟三，往A方向進展（參閱表三）。

狀況B：小威僵住不動，代表指令策略失敗；往B方向進展。這時，家長必須回到步驟1，重新接納他的情緒，並改變策略。注意，須提供至少兩個以上確實可行的選項，還要事先想好，倘若孩子想要提案之外的選項時，該如何應對？

媽媽：「喔！你很想玩汽車，那麼是坐下來玩自己的汽車，還是要我陪你去拿昨天新買的汽車？」

【在進展方向B中，撫順孩子的情緒，然後引導到期待行為，如果孩子不接受，就要回到步驟1接納情緒，再接著嘗試步驟2引導行為，如此來來回回，才能化解他的固執。有些亞斯伯格症孩子超級固著，若他不願選擇，就得再回到步驟1的接納情緒後，再打第三張牌——協商。】

媽媽：「汽車真的很好玩，你坐下來玩自己的，下午我再帶你去買一台新車。」

【這樣，孩子就願意去忍耐。協商重點在於處理，先化解眼前僵局，過了這關再說。家長毋須擔心孩子會因此養成凡事都要講條件的壞習慣而不願和他協商，當家長有這個想法時，關注的重點已落到教育上，偏離了處理策略，會使進程卡住。假設小威還是不願意，此時，就要換下一個策略「鼓勵合作」。】

媽媽：「小威，你好棒喔！忍到現在都沒再搶弟弟的汽車。拜託啦！玩你自己的，不然我會被奶奶罵死。」

【倘若連哀兵的鼓勵合作策略都無效，小威還是遲遲不表態，家長就得回到步驟1接納情緒，然後改打撤退牌。因為孩子已僵住，不知多久才能解凍，做出選擇，所以不必再跟他耗時間，直接把主控權交給他，讓他快點做出選擇。】

媽媽：「這樣好難決定喔！你考慮看看，一小時後再來問你，是想坐下來玩自己的，還是下午我帶你去買一台新的。」

【如果孩子真的硬和父母唱反調，堅持在權力中角力，那麼家長就須收回選擇權，否

則會一直在進展B的輪迴中打轉。】

媽媽：「真的很難決定！你決定，還是由我決定？」

【通常孩子會搶著決定，此時，就能進展到步驟3。】

步驟3：正面回饋

在孩子遵從指令後，家長一定要給出正面回應，誠心感謝或讚美他。這時他會因受到肯定與讚賞，而產生被愛的幸福感。如此一來，父母不但解決一場紛爭，還增加了親子愛的存款，也增強孩子想聽話的意願。例如：

媽媽：「好棒喔！你都有聽進媽媽的話。」【讚美】

媽媽：「謝謝你願意聽媽媽的話！」【感謝】

其實，特殊孩子的需求很簡單，就是想要被看見。所以藉由情緒曲線這個氣象報告，可讓家長更清楚孩子需要什麼。只要能像摸貓咪的毛似地一邊安撫其情緒，一邊引導他做出恰當行爲，雙方就能獲得彼此都滿意的結果。

小太陽悄悄話

明瞭孩子的情緒曲線發展，家長就能更清楚依著他當下的身心狀態做出適當的處理，有效地控制孩子的發飆行為，進一步提升親子間的相處品質。

覺察你真實的情緒與想法

在這場親子雙人舞中，各位家長在前幾章學會了急速凍結自己的反應情緒、同理孩子、幫孩子紓壓、累積愛的存款及有效溝通的基本舞步，在本章也學到了運用情緒曲線氣象報告，舞出進階版的花式變化步伐。若學了這麼多，家裡仍不時吵得雞飛狗跳，家長就該回來檢視自己的心態：我是眞心接納孩子嗎？

如何分辨這點，有一個簡單的準則：如果您已眞正接受孩子本來面貌，您會看到的是「需要幫助的孩子」，而不是「不符合標準的孩子」。

當家長認爲小孩沒達到規範時，其教養心態，或許有一個連家長自己都難以察覺的幽微之處：自己極可能是在「對付」孩子，而非「對待」孩子。對付的目的是在解決困擾「家長」的問題，無意間忽略了孩子的需求；而對待，是以「孩子」爲焦點來解決問題，同時安頓自己的心情，兼顧雙方的需求。教養心態的校正，是幫助親子早日達到和樂生沽的最重要關鍵。

【對策】

心態，百分百地影響人處理事情時的心情、想法與做法。家長該如何正確覺察自己在教養時的眞正心態？藉由「行爲四角形」（見表四），可讓家長清楚看到自己在親子互動時的樣貌。而「情緒與想法歸因關聯表」（見表五），能協助家長一步步了解自己的情緒來源，以便對症下藥，化解親子間的緊張關係。

【做法】

在了解「行爲四角形」前，請先看下面三題數學題：

1+9=10　　3+7=10　　4+5=10

請問您看到了什麼？

A：做錯了一題

B：做對了二題

您的答案，已反應出您日常在評斷孩子行爲的觀點，是B「好棒喔，做對了二題！」

（表四）行為四角形（改良自《P.E.T.父母效能教育》）

可接受區 （家長看到需要被幫助的孩子）	孩子有問題區 （遇到困難）	幫助孩子的輔助技巧 1. 消極聆聽 專注 沉默 自然的應答 引導動機 2. 積極聆聽：說出他的情緒、想法或動作
	孩子無問題區	1. 肯定性我訊息：公式是「不帶批判地說出他當下做的事 + 我的開心感受/正向心情」。 2. 預防性我訊息：預告我的未來計畫，即將發生的變動，讓孩子有機會調整及配合。 3. 表白性我訊息：在雙方情緒都平穩時，溝通彼此的觀念感受。
不可接受區 （家長看到不符合標準的孩子）	家長有問題區 （遇到困難）	幫助家長的輔助技巧 1. 自我覺察法：寫下你的期待、擔憂、此刻情緒及事實。 2. 面質性我訊息：公式是「非責備式的口吻，描述出孩子行為對你的影響+希望他修正自己的行為來幫你」。 3. 時時轉換面質性我訊息和積極聆聽。 4. 提供孩子替代的行為或技能

的正向持續加分態度？還是A「怎麼會做錯這一題！」緊抓完美主義的不斷扣分原則，一直盯著孩子做錯的地方並催促他修正到滿分為止，完全忽略他已做對的三分之二？甚至，更忘了深究孩子做錯的地方，是否受限於天生特質，也許他目前還不懂，需要更多的幫助？

家長在覺察到對孩子的心態後，可透過下列「行爲四角形」，修正自己在教養上的做法。

行為四角形說明

中間粗線是以家長立場來看的接納線，線的上方是「可接受區」，家長此時看到孩子的行爲，正處於平靜、輕鬆愉快的狀態下，該區包含孩子遇到困難時的「問題區」和「無問題區」。線的下方是「不可接受區」，指當孩子的行爲嚴重影響到家長，而引發父母的擔憂、害怕、難堪、沮喪、無力感等負面情緒時，家長因不接納孩子不符合標準規範的舉止，而陷入困難中的有問題區。

特殊孩子在溝通上是天生弱勢，很多時候無法表達自己的想法，即使努力傳達，往往也是詞不達意。尤其是自閉症兒童，連輕度孩子都不見得能清楚表達當下的心情，所以特殊孩子所有的行爲表現都應視爲正常現象，暫時先放在可接受區。孩子行爲被歸類在哪個區域，直接影響家長互動時的心態，因此，建議盡可能放大可接受區。

人的情緒時時在變動，因此，也會不時牽動這條接納線的上下位置。例如：家長在很開心時比較容易接受孩子去做平常不允許的事，可見父母會依當下感受增減可接受的範圍。因此，家長可透過提升自己心情的愉悅程度，擴展對孩子行爲的接受程度。此外，在不同環境下，家長的接受度也會有所差異，舉例來說，孩子在酷暑時因受不了熱氣而光著身體走來走去，這行爲在家是許可的，但外出就得禁止了。

幫助孩子的輔助技巧

在行爲四角形上半部的可接受區內，父母可依孩子所處的狀態，給予適切的陪伴方式。

1. 孩子在有問題區時

此刻孩子已遇到困難，需要父母的協助。父母可運用同理心來陪伴他，包括積極聆聽，幫他說出情緒、想法、行爲，或選擇消極聆聽，用專注、沉默、自然的應答陪伴他走過情緒低潮。

2. 孩子在無問題區時

以「家長」的感覺和經驗爲主，用肯定性、預防性及表白性的「我訊息」講出想說的話，這三種「我訊息」的使用方法如下：

肯定性我訊息：公式是不帶批判地說出孩子當下正在做的事＋家長開心的感受或正向心情。這不是在讚美孩子，只是說出他此刻所做的事，給了父母正面的影響。例如：

媽媽要求孩子洗他用過的杯子，他不但洗了自己的杯子，連水槽中其他沒洗的杯子也一起洗了。

媽媽：「你幫我洗了其他杯子，我好開心喔！」

【孩子當下做的事＋家長開心的感受】

預防性我訊息：家長未來的計畫，對孩子來說，是即將發生的變動，須事先告知，讓他有時間來調整配合。例如：亞斯伯格症及自閉症孩子，通常在新環境下會因不安而抓狂，所以父母一定要先預告即將產生的變化，以避免孩子失控。例如：

車子壞了，每天坐自用車去上學的孩子，明天得改搭計程車去上課。

媽媽雙手微微用力地放在孩子肩上，看著他的眼睛說：「小威，明天我們要坐計程車去上學喔！」並用紅筆在月曆上圈出明天的日期。

【特殊孩子常會恍神，當家長用點力搭他肩時，可幫助他回神，並配合視覺提醒，以確認他收到預告訊息。】

表白性我訊息：當親子都開心時，和孩子分享雙方想法，增進彼此了解。例如：

孩子放首歌給媽媽聽。

媽媽：「這是改編自我年輕時的流行歌耶！」

孩子：「真的嗎？我還以為是新歌。」

媽媽：「很多受歡迎的歌都會被改編翻唱。」

孩子：「喔！還有哪些歌是改編的呢？」

幫助家長的輔助技巧

上述是家長接受孩子行爲時的互動方式。但假若家長曾有過下列感受或想法：

✔我有話要說……

✔我是受影響的人

✔我要幫助我自己

✔我得找出解決的方法

✔孩子問題的解決與否和我有直接關係

如果答案爲「是」，代表家長已在有問題區。此時有需求的是家長，因爲討厭孩子的行爲或感到有困擾存在的人，是家長，所以家長是「問題的所有者」。這時候，建議家長用下列方法來因應：

1.自我覺察法

寫下你的期待、擔憂、此刻情緒及事實。父母長年背負照顧特殊孩子的重荷，因身心過度疲累而變得較無彈性。這時，孩子的任何一點小錯都能引發怒火，因僅存的一點點耐心和能量已不敷使用。在彈盡援絕時，還得照料小孩，該怎麼辦？

建議先停止處理孩子問題，回頭釐清自己此刻狀態，可自問並寫下答案：我希望孩子怎麼做？如果他不這麼做，那就代表……？假如這樣，我的心情是……？事實符合我的想法嗎？相信在完成這些回答後，情緒就會較爲平緩。恐懼有時會無限上綱地擴大，藉由書寫，就有餘裕讓理智出面來「糾正」情緒感受的扭曲想法。

2.面質性我訊息

看到孩子不可接納的行爲時，若家長用發洩情緒的「反應句型」回應，如罵他笨手笨腳，孩子會因自我防衛而演變成親子衝突。最理智的人際互動規律是，在考量對方的立場下，適度表達自己的感受，讓孩子知道他是如何造成父母的困擾，這樣家長就不會覺得委屈了。所以父母要以非責備式的口吻，具體描述出孩子的行爲對你所造成的影響及感受，並希望他修正行爲來幫助你。特別要注意的是，現在面臨問題困擾的是家長自己，此時孩子的角色是幫助你的人，而非做錯事的人。

很多父母不認同這觀點，覺得孩子才是造成困擾的人，爲何說他是協助自己的人？別忘了，這個時候家長才是問題的擁有者；孩子自己可是一點困擾都沒有。以公平角度來看，孩子是爲了幫助父母，讓父母心情舒坦，才去改變行爲。

又或者，父母會認爲這孩子只會製造混亂，怎可能願意幫忙？家長毋須擔心，其實小孩都喜歡幫父母的忙，尤其是過動兒。當家長提出需要協助時，他通常都會樂於配合，這不就解決了家長的困擾嗎？能解除困擾較重要，不須計較是誰幫誰。

這當然是理智層面的考量；或許家長在頭腦邏輯上可以認同這樣的做法，但心中卻無法全然接受或感覺不太情願，當有這種情況出現時，請參考接下來的第三篇〈家長也需要照顧〉，看看是否能找到讓情緒鬆綁的方法。

面質性我訊息的開頭可用：

✔我一直有個困擾想跟你談
✔有件事我一直在思考
✔我需要你幫忙

例如：

小威開心時會用力拍手掌，持續十分鐘以上，讓喜歡安靜的媽媽很受不了，希望他不要這樣。

媽媽：「小威，你可幫媽媽一個忙嗎？」

小威停下來看著媽媽。

媽媽：「你這樣拍手會讓我好緊張【家長的情緒感受】，建議你可以去打枕頭【引導行為】，你願意幫我嗎？」

小威點頭答允。

媽媽：「太好了，你願意去打枕頭，讓我很舒服，不緊張了。」【肯定性我訊息】

這樣的情形在生活中經常發生，家長可隨時運用。

3. 轉換

特殊孩子有時會不停重複同一個動作，原因可能源自於他的特質、心情惡劣或其他因素。家長希望孩子能體貼爸媽而修正行爲，但這對孩子來說並是非慣性行爲，須消化轉換及練習才做得到。所以當家長發出這樣的訊息後，孩子仍然吵鬧不停時，家長就須幫他一把。先以同理的積極聆聽去接納他的情緒，再用面質性我訊息來推動他。換言之，面質性我訊息和積極聆聽兩者須靈活轉換，在這樣耐心地陪伴下，相信就能慢慢從根本解決親子間的困擾了。例如：

同學不願和小威打籃球，他很沮喪，回家後一直踢房門洩憤。

媽媽：「小威，你可以幫媽媽一個忙嗎？」

小威停下來看媽媽。

媽媽：「好怕你把房門踢壞，你能幫我一個忙嗎？去踢坐墊吧！」

小威：「你都不知道同學怎樣欺負我！」

媽媽：「你好委屈！」

小威重複同樣的話。
媽媽：「你好委屈！」
小威繼續重複同樣的話。
媽媽：「你好委屈！」
小威重複了三十分鐘。
媽媽：「你好委屈！」【媽媽繼續平穩地用同樣的話回應】
小威終於停下來。

多用積極聆聽，孩子的情緒就會緩和下來。不要怕重複，如同前文所提，家長能這般溫柔地堅持對待，孩子就會慢慢停止擾人行為。

4.提供孩子替代行為或技能

家長看到孩子的問題行為時，往往會脫口說出：「不可以！」孩子雖想聽從指令，卻不知該如何處理內心澎湃的情緒或強烈的需求，所以會因不知如何是好而持續同樣的行為。因此，想要求孩子停止某個行為時，須告訴他可以怎麼做，用替代行為或技能取代他當下的行為，更重要的是，這替代行為是他有能力做得到的。例如：

小威固執地吵著現在就要到五星級飯店吃大餐，還說以後要常常去吃大餐，但媽媽有預算上的考量。

媽媽：「你好想現在大吃一餐，會很開心對不對！」

小威：「對啊！」

媽媽：「我知道，你也好想以後有錢可以繼續吃大餐。」

小威：「嗯！」

媽媽：「可是我們一個月只有八千元的預算，吃一頓大餐要花掉一千五百元，剩下六千五百元要用二十九天，這樣一天的伙食費只剩兩百多元，錢會不夠用。我們該如何分配錢？」

小威瞪大眼睛看著媽媽，無法反應。

媽媽：「我們可以用方案一、二、三，你想選哪一個？」

【孩子可能不會分配預算，也不知道吃大餐要多少錢，所以要給他一些樣本讓他去選擇，也可趁機教他如何分配預算。】

家長的情緒與想法歸因

引導孩子時，千萬不能被他起伏的情緒牽著走，必須保持心平氣和，不動如山，否則所有策略都會被情緒海嘯沖毀而失效。

由此可見，在陪伴特殊孩子的種種挑戰中，讓自己維持在平穩情緒中，是最困難、最費心力的。

該如何做到淡定？除了先前提及的自我覺察法之外，建議家長還可運用下面的情緒與想法歸因關聯表，更進一步地對症下藥，邁向穩定情緒的目標。

「這些方法都很棒，我也很想照著做，可是，幾乎都做不到；就算勉強做

（表五）情緒與想法歸因關聯表（改良自《ADHD兒童認知行為親子團體治療》）

問題情境 小威在路上被人不小心擦撞到，很生氣地用手肘猛力撞媽媽的肚子。		
	不當的處理方式	合宜的處理方式
想法歸因	媽媽覺得孩子「不符合社會規範」，處在行為四角形的不可接受區，因而不認同孩子，內心抱怨「為何他不能像正常小孩，被撞到頂多罵一句話就算了？真受不了！」	用孩子「需要幫助」的觀點來接納他，協助自己來到行為四角形的可接受區，明白孩子不是故意的，這行為是自閉症的症狀之一，他需要的是學習一些技巧。
情緒	感覺憤怒，又找不出有效方法來制止孩子的行為，充滿無力感。	明白孩子因觸覺敏感而有這樣的行為，就比較不會那麼生氣了。
行爲結果	媽媽生氣地嚴厲責罵他。 → 變本加厲地大吵大鬧，下次被撞時，還是老樣子，用手肘撞擊媽媽的肚子。	心平氣和地用下面「停想選做」四步驟來處理孩子問題： 1.「停」止回應孩子！ 2.「想」想看，眼前的問題是什麼？ 3.「選」出最好的解決／替代方法？ 4.「做」做看，行得通嗎？

了，卻在心底升起一股莫名的憤怒！」也許有家長會這麼說。這是正常現象，人們在「認知到」與「眞正做到」之間，總有落差。更何況這套方法，若從來沒有使用過，當然會覺得陌生。所以，建議各位常常練習這些新方法，一回生、二回熟。

至於莫名的憤怒情緒，往往是孩子的行爲讓家長憶起過去類似的負面經驗。現在這份怒氣和孩子當下的行爲是比較無關的，而是與之前的不好記憶有關。所以家長必須靜下來整理從前種種未了的情緒感受。下一篇中，我們將探討如何重新梳理以前被卡住的各種關係，唯有看到並說出（做出）當年想講的話（想做的行動），才可能眞正放下過去的情緒包袱，輕鬆地與孩子展開快樂生活。

小太陽悄悄話

覺察到自己對孩子行為的真實情緒與想法後，就可找出最佳的應對方式。善用「行為四角形」及「情緒與想法歸因關聯表」，可更了解自己的情緒成因。此外再提醒，理論策略需要多加練習，才能發揮效用，不致淪為紙上談兵。

【專欄】覺察內心

就算到現在，生活中還是經常出現和兒子意見不合的時刻。當我發現到他聲音越來越大聲，警覺他已處在情緒曲線的上揚階段，雖然自己也被激怒了，但已知道要理性地急踩煞車，「立刻凍結」怒氣、閉嘴不回應、眼神放空，等待兒子情緒平復下來。

此刻，我進入對外封閉狀態，只剩下內在的自我對話。自問：爲什麼我會這麼生氣？有什麼需求沒被滿足？期待兒子該如何回應？漸漸地我明瞭了，原來，在憤怒底下，我藏著傷心、挫敗和擔憂的交錯情緒：傷心不被兒子尊重，更爲長期用心卻屢屢失敗的教育感到挫折，尤其擔心將來兒子很難融入社會。

釐清錯綜複雜的情緒後，怒火也就熄滅了，回到理智的成人狀態。這時又自問，要如何幫助兒子？該如何用他聽得進去的方式教育他？擬定好策略及步驟後，兒子已無事地玩著手機，這時是教育他的好時機。

我坐到兒子面前，淡定地同理他說：「你剛才覺得我很無理。」

兒子哼了一聲後說：「對啊！」

我：「不要講誰對誰錯，先倒帶到剛才的爭執過程。如果今天換成你最要好的朋友，用你剛才回話的方式對你，你感受如何？」

兒子低頭看地上，不語。

我語調依舊保持平穩：「剛剛你爭吵的態度，讓我既傷心又難過，我希望你能給我像對老師或同學那樣的尊重，這樣我才不會覺得自己是個失敗的媽媽。另一方面，我也很擔心你的人際關係。」

兒子沉默盯著我看。

我：「你在學校中有沒有遇到原本很熱情的同學，突然對你很冷淡，甚至不太往來？」

兒子眼睛一亮，抬頭看著我。

接著，我分析一般人的社交心態及互動模式。兒子頻頻點頭。之後，他竟主動地收垃圾和洗澡，完全不需我提醒和催促，這大大出乎我意料之外，呼！教了好多年，兒子總算會了！

在這平安落幕的事件中，我交叉運用許多策略技巧，包含：「急速凍結」自己當下的反應，然後用情緒與想法歸因關聯表處理自己的情緒，透過情緒曲線找到適當的時機點教育孩子，以同理心化解他的防禦，藉由面質性我訊息表達自己的感受，及讓兒子了解人際應對技巧的重要性。

說實話，整個過程須不斷用理智來自我提醒：要保持心平氣和。此時，眞正的挑戰是家長的內在衝突拉扯：很想要好好修理孩子一番，卻又必須忍著，保持理性跟他說道理。若家長鮮少練習這些技巧，是不太容易做到的。因此，建議各位家長，不論再累、再辛苦，也要堅持練習。從簡單的技巧開始，逐次累積成就感，和樂的家庭生活指日可待。

總結

當孩子常出現如打人之類的發飆紅燈區行爲時，家長須秉持「安全」的最高處理原則，於日常生活中開始做妥當的因應，降低孩子暴走的頻率。這些應對的策略如下：

一、良好的溝通，想辦法讓孩子把父母的話聽進去，溝通要點包括：確認孩子有在聽父母說話、用詞簡短、指令具體有規則無爭議、一個指令只要求一個動作，並給予5－15秒左右的反應時間、用接納的語氣表情及肢體語言等等。

二、用和目的一致的語句、給予選擇、近期利益、說自己的故事這幾種方法，都是促成有效溝通的方式。

三、運用情緒的氣象報告——情緒曲線處理孩子發怒行爲時，須留意處理的速度、使用處理句型並搭配情緒解套法，引導孩子走出情緒風暴。

四、覺察自己眞實的情緒與想法，是執行出上述策略的最有力推手，因此，須有意識地時時調整自己的觀點，聚焦在孩子「需要幫助」，而非「不符合標準」的念頭上。

當家長都能做到這些應對策略，就能經常處在平和的親子互動中了。

PART 3

家長也需要照顧

CHAPTER 4

當心裡出現放棄的聲音

情緒減壓、安頓自己

家長是特殊孩子最主要的支持者，也是執行孩子行爲治療的人，終年無休，長期處在高壓狀態中，倘若沒把自己照顧好，就會沒有能量陪伴孩子。所以，特殊孩子父母的必修學分是：自我照顧與壓力調適。唯有父母穩定了，孩子才會跟著安定下來。父母心情愉快，對孩子脫軌演出的包容度就會增加，也會減少責罵或要求；孩子方面，則因較少被父母刺激情緒而發怒，身心處在平靜狀態的時間無形中也延長了。因此，教養特殊孩子的最高指導原則是：先安頓自己↓再處理孩子↓其他事最後處置。

【情境】

小湘媽媽一進會談室就大聲哭喊著，努力了這麼多年，孩子還是一樣讓她頭疼不已，現在竟然連學校都不去了，家人朋友都責怪她沒把孩子教好。但她已盡了全力，仍然無法改變孩子。面對充滿壓力的生活及不知如何是好的未來，她真的快承受不住，萌生乾脆帶著孩子一起自殺的念頭。

原來，小湘媽媽是單親母親，她在女兒國小時，才驚覺文靜的小湘竟然有亞斯伯格症，經過一連串治療及專業訓練，孩子仍然沒有太大起色。更糟的是，自小湘五年級開始，跟她講不到三句話就吵架，甚至還朝她丟東西，讓她感到害怕。若強力制止，女兒索性轉頭就跑出去、徹夜不歸，讓小湘媽媽又生氣又焦急。孩子有病不聽話，加上長輩親友的冷言冷語，多年下來，她幾乎要崩潰了。

小湘媽媽內心茫然，對未來，只剩下絕望……

【對策】自助、人助與天助

很明顯地，小湘媽媽目前處於高壓、無助的狀態，壓力已大到她無法承受，才會索性想一了百了。想自殺的人都是身陷絕望困境中的人。然而，山不轉路轉、路不轉人轉、人不轉心轉。這時，深陷情緒泥沼中的小湘媽媽，倘若可以嘗試變換關注的焦點，把焦點從孩子身上轉移到自己這邊，看看自己還有沒有可調整的地方，說不定，就能開拓出另一條生路，解決問題。

既然孩子的治療、訓練都沒斷過，自己也勤奮學習教養特殊孩子的相關知識和技巧，能做的都做了，孩子卻毫無起色，家長就該改變策略，先轉身照顧自己，釋放累積多年的複雜情緒。在清除內心負擔之後，身心會變得較爲輕鬆，人在放鬆的狀態下，自然會有更多的彈性和創意，如此就可爲親子緊綁的關係找到新契機。

要清除負面情緒及壓力，須盡量避免孤軍奮戰。可藉由人助、自助、天助的支持系統，來增添正能量：

1. **人助**：許多父母因疲於應付孩子層出不窮的狀況，不自覺地變得越來越自閉，整天把自己關在與孩子的小小生活圈中。父母的疲累就是缺乏資源的警訊，所以父母必須走出去，勇於求助，才會有新的支持力量進來。下面幾個方向，可提供特殊孩子家長許多協助：

A. 家屬分工

B. 善用社會資源

C. 聆聽心理師導讀電影

D. 找閨蜜好友大吐鬱悶

E. 接觸家長支持團體

F. 參加講座／成長團體

2. **自助**：除了尋求他人協助，自己也要幫助自己，才能在最短時間內完成目標。家長在得到人助後，接下來要做的是自我幫助，建議方法如下：

A. 尊重自己的地雷

B. 當自己的導師，練習冷靜

C. 善用快樂活化法

D. 正向的壓力解讀

E. 勇於面對，找出解決策略

F. 建立心理界線

G. 運用正念設定公式：感恩＋想像＋阻斷的身體語言

3. **天助**：當人助、自助的方法都嘗試過，人事已盡時，只能將剩下的部分託付給老天，再煩惱也沒用。我常用以下方式與老天連結：

A. 臣服

B. 祈禱

C. 多做好事累積福分

【做法】

1. 人助

無論是政府、私人團體、學校老師、醫療系統或親朋好友，都是特殊孩子家長的支持力量來源。

A. 家屬分工

家庭是一個成員相互支持的小團體，每個人都有義務要照顧特殊孩子，就像股份有限公司，人人有責。須注意的是，先分配好陪伴的工作內容，才不至於顧此失彼。

至於其他長輩親戚，因為他們不清楚孩子的特質，只要告知孩子的習性，請他們多包容及接納就好；倘若因過於熱心而干擾到你的教養，請不要因顧忌人際關係而不敢表達自己的想法，應該勇敢、委婉地說明，孩子的將來由家長全權負責，謝謝他們的關心。家長唯有把心理防火牆先建立起來，才不會一邊疲於處理孩子，一邊還得打起精神向親戚長輩解釋原由，爭取他們的認同。

B. 善用社會資源

建議多運用政府、醫院、學校、各類別障礙基金會、私人團體提供給父母的紓壓、特殊孩子教養課程和相關的心理諮詢。即使他們的建議可能互相衝突，但至少可拓展觀念，多一些參考點。

C. 聆聽心理師導讀電影

借鏡他人故事，搭配專業人員解說，可協助家長擁有更清晰的思路，說不定還可啓發出更好的教養策略。許多醫院及學校的父母成長團體，不定期都會安排這類活動。

D. 找閨蜜好友大吐鬱悶

如果有人願意接納理解，並樂當父母情緒的出口，可讓人頓時輕鬆許多，心事藏著不說，很容易生病。

E. 接觸家長支持團體

別忘了，你不是唯一的特殊孩子父母，世界上有許多家長正和你走在同一條路上。多和他們分享經驗，互相支持打氣，有夥伴同行的路上，可讓家長遠離孤單並走得更長更久。

F. **參加講座／成長團體**

每個特殊孩子的核心症狀都不同，所以父母要具備的本事也相異。透過講座或成長團體可快速吸收新知，激盪出更多可行的新方法。

2. 自助

專業人士和親朋好友都不可能永遠隨時在身邊支持，唯有自己，才能夠陪伴自己一輩子。所以累積自我幫助的方法很重要：

A. **尊重自己的地雷**

如果家長不能自我照顧，將在身心透支中讓親子關係走入死胡同。因此，家長須先認清在親子互動中，自己的界線或地雷區有哪些；進而尊重自己的地雷，才能在滿足自己需求的前提下，平和地與孩子溝通。

我過去凡事都以兒子的需求為主，聰明的他也看準我捨不得他受苦而常常耍賴。到後來演變成我為了孩子延誤自己該完成的事項，而孩子竟然還嫌我幫他做的事情不夠好，我越來越不快樂。直到有一天，驚覺自己快倒下了，才痛定思痛，回頭照顧自己的需求，明確告訴兒子哪些界線絕不可越線，更用一次次行動來表明堅定立場。在渡過兒子測試我決心的混亂期後，我終於在家中贏得些許喘息空間，孩子也變得更獨立了，這可是意外收穫。

B.當自己的導師，練習冷靜

淡定是處理親子衝突的第一守則。家長該如何讓憤怒的自己立刻冷靜下來？首先應弄清楚此刻自己擔憂、惱怒的原因是什麼，再來處理孩子的問題，比較妥當。

由於這違反人的慣性，因此須循序漸進地練習。建議家長在生氣時，可用教導孩子的方式來訓練自己：先把目標設定在難度小的冷靜程度，再進階到較高難度，最後達到始終維持心平氣和的境界：

難度1：小聲責罵

難度2：閉嘴不回應

難度3：先深呼吸或默念一到十後，再回應

難度4：要求自己淡定，要理性平和地應對

難度5：區辨出自己生氣的理由，並和緩地說出來

C. 善用快樂活化法

一杯水的容量是固定的，不是裝髒水，就是裝清水。若能增加清水，髒水量自然變少。同理，如果想要快樂，就得盡可能滿足自己的需求，讓開心的時間增多。這樣不僅可減少抱怨，還可連帶找回生命中的熱情，活化幾乎枯竭的人生。詳細做法，請見下一章。

D. 正向的壓力解讀

倘若家長能將親子關係緊繃的危機，視爲調整策略的轉機，就有動力繼續努力。既然是轉機，便可試試以下修正：降低對孩子的不合理期待、選擇忽略他不太嚴重的黃燈行爲、勇於拒絕他人的不合理期待、把孩子的人生還給他、幫助他降低責無旁貸的自我苛求等。這些都是以退爲進的策略，放過自己也放過孩子。

E. 勇於面對，找出解決策略

情緒累積到頂點，會怨天尤人。這很正常，但最好不要花太多時間抱怨，哭完、罵完、宣洩完後，就得擦乾眼淚，勇敢回來處理問題。建議家長可使用「心智圖」（見圖三），這張圖把我們心智的活動以視覺表現出來，能協助家長看到腦海中的所有思緒、考量，以便更理性地釐清現況，做出正確判斷（請參考第五章）。

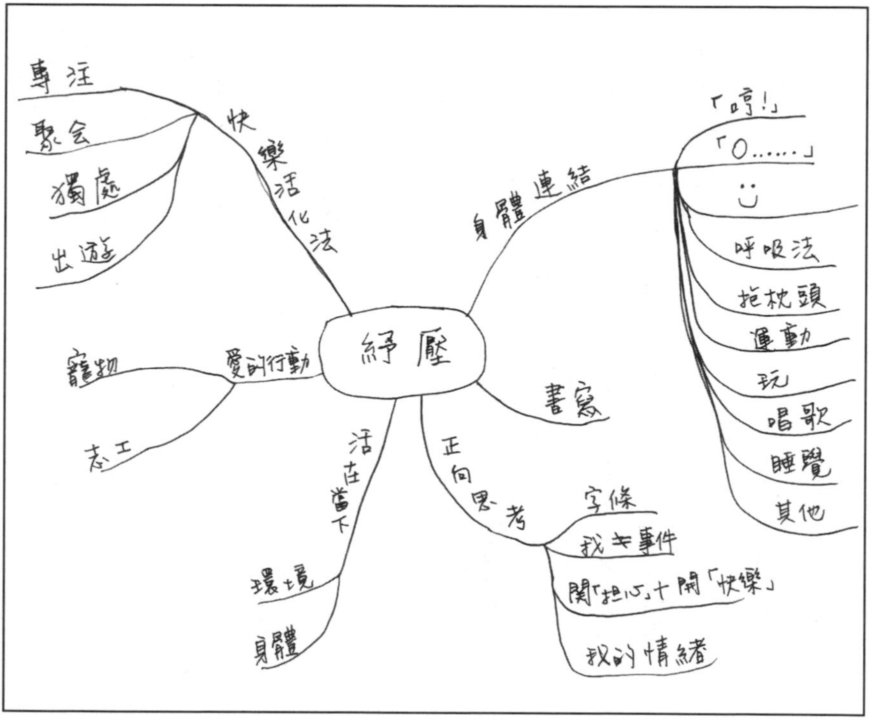
紓壓
快樂活化法
專注
聚会
獨處
出遊
身體連結
「哼!」
「O……」
呼吸法
拖枕頭
運動
玩
唱歌
睡覺
其他
書寫
正向思考
字條
關「担心」十開「快樂」
我的情緒
活在當下
環境
身體
愛的行動
寵物
志工

（圖三）心智圖範例

此外，我非常建議各位家長透過心理諮商或其他輔助療法療癒自己的內在。特殊孩子的家長必定面臨比一般父母更為艱困的處境，須鍛鍊更堅強的身心。我以前也認為自己沒問題，不需要去做什麼諮商、療癒，直到夜夜失眠、長年胃痛、不停發胖，甚至病到考慮是否開刀，這時，才驚覺自己問題嚴重，因而走上療癒之路。一路走來，越來越能覺察自己當下的想法和情緒，還能迅速調整，因此才漸漸找回平穩的生活。在第五章釋放情緒急救法的進階篇中，將介紹簡單的自我療癒法，供讀者們參考。

F. 建立心理界線

特殊孩子的父母一定常常承受親友對現有教養方式的誤解，因而感到委屈難過，倘若這批判來自親近的人，內心的傷痛則是更大。為了避免無謂的傷害，家長必須在心中架設一道門，也就是「心理界線」，過濾因上述誤解所產生的傷害。尤其在無力虛弱時，若少了這道理智心門的保護，人會不自覺地把外在批評全都當眞，並納入心底。如此一來，家長等於在他人無謂的責罵外，自己還補上一刀，嚴厲地鞭笞自己，這樣很快就陣亡了。

G. 運用正向設定公式

在特殊孩子家長中，十個有九個曾罹患憂鬱症，常常處於負面世界而不自知。若想要跳脫這個狀態，得用正向力量來平衡負面思考。建議運用正向設定公式：感恩＋想像＋阻斷的身體語言，來帶領自己離開情緒的五里雲霧。

抱怨，會把人推向絕望的地獄而讓虛弱的自己更沒力；人在感恩時，代表已體驗到被照顧、被愛的支持，才會升起感謝之情。願意感恩，就能幫助自己將負面的焦點轉移到已擁有的幸福中。這樣的覺察可讓自己脫離孤立無援的無望感，迅速為自己充電。

小湘媽媽紅著眼問：「我過得這麼辛苦，哪有什麼事值得感恩？」其實當人願意轉變看世界的角度，就會發現處處都有值得感恩的地方，例如：無條件供給的陽光、方便取得的乾淨飲水、沒有戰爭的和平生活、沒躺在加護病房的孩子、還能自由跑跳的自己等。試想，這些認為理所當然的狀況，若有任何一項消失了，生活將變得多麼艱難？這些當然都是值得感恩的事情。

正向設定公式中的「想像」，是搭起不如意現況與美好未來的橋樑。當家長看到孩子的表現不如預期時，往往會陷入深深失望中，忘記了世界運作的鐵律：「一切都在改變中。」孩子此刻表現不好，不代表他明天仍然如此；即使明天看起來似乎沒太大變化，但家長可能沒發現，他內在已更臻成熟且更懂事了。這些不明顯的細微進步，都得透過「信任之眼」才分辨得出來。

父母對孩子的觀點，會影響到自己對待孩子的態度。不管孩子未來發展如何，爲了要擁有良好的親子生活，家長最好選擇「永遠懷抱期待」，相信孩子會更好，即使不清楚將在哪一天發生。否則，處於絕望中，將寸步難行。當家長在腦中「想像」孩子變得更好的模樣時，不只心情愉快，無形中也送給孩子極佳的祝福，更爲自己建造一座燈塔，給正航行於暗黑大海中的自己。

至於阻斷的身體語言，則是情緒曲線的進一步運用。人的行爲會被想法、認知、心理情緒及身體感受交叉影響，所以在覺察頭腦又被負面思想占據時，可藉由身體語言提醒自己離開情緒漩渦。方法是用手指彈一下手掌，並出聲說：「沒有！」來截斷負面意念的滋長。

這個正向設定公式所帶來的不單只是轉念，而是結合身、心交互關係而產生的新思維。

3. 天助

爲什麼人在經歷過大風大浪後往往變得更謙卑？因爲他體會到自己能力的侷限，再厲害的人也無法叫颱風不要來。冥冥之中，我們認識到有個更偉大的力量在關照著人類的命運。

A. 臣服

人很偉大也很渺小，對於自己孩子是特殊孩子這件事，除了臣服並接受老天安排外，我已想不出更好的因應心態。小湘媽媽因不願意接受，於是使盡全力地想把孩子改變成她期待中的樣貌，完全無視小孩天生的限制，終至面臨此刻窒息的絕望。她越抗拒就越痛苦，越堅持不接受就越持續受苦。其實，無論她接不接受，都不會改變事實，再不甘願也無濟於事。倘若她願意臣服、認命，內心的衝突自然減少，也就可以擁有更多平靜的時光。

B. 祈禱

在養育特殊孩子的日子中，一定會遇到無計可施的困境，此時既不能把孩子丟掉不管，也不能退貨給老天爺。透過祈禱，至少心靈有個出口，把自己的無力脆弱託付給你所信奉的神明或老天這類更偉大的力量，或許可獲得暫時的喘息。甚至進一步，還能祈請祂支持並指引前進的方向。就算沒效，這樣做也沒什麼損失，何不嘗試看看。

C. 多做好事累積福分

宗教裡有個說法，老天會把人們給出去的善念或善行，以不同的形式回饋到此人或家人身上。不知道這說法是否爲眞，至少當我純粹助人而不求回報時，我的心情是喜悅的，即使小小的正向燭光，也能照亮我受傷的心靈。所以，建議家長可多多助人，利人利己。

在學習許多釋放情緒的方法後，將會遇到最難的關卡：「知易行難」。家長必須結合有意識的覺察及刻意地持續鍛鍊，才能跨越慣性，獲得眞正的釋放。總之，若想讓自己維持在平和狀態，沒別的捷徑，只能藉由支持系統的助力，才有機會脫離情緒風暴。過程十分辛苦，但獎品將是千金不換的甜蜜親情。

小太陽悄悄話

盡了全力卻仍在瓶頸時，建議先放下對孩子的照料，回過頭來好好地陪伴、修復電力快漏光的自己，在最高原則——「先安頓自己↓再處理孩子↓其他事最後處置」的路徑下，配合人助、自助、天助的方法，尋求繼續走下去的支持力量。無論如何，在這條陌生的特殊孩子陪伴旅程中，你不孤獨，有許多不同形式的資源，正等著你發掘及領取。

保持最佳親子距離

教養的理想狀態是，父母依孩子身心能力的提升速度，從百分百的全面照顧，轉爲逐步放手讓其自理，最後保持恆久不變的尊重與關懷，而且切記不介入孩子的生活。在這過程中，家長須不斷調整對孩子的照顧範疇。

許多特殊孩子家長看到孩子的能力比不上正常小孩，愛子心切之下主動替孩子承擔過多他可自行處理的事務。長期下來，不但父母因過度透支加上期待落空而感到挫敗，孩子也因缺少機會摸索自我照顧的技能，而變得更沒能力、更沒自信、惰性更重。因此，家長須保持警醒，細心觀察孩子的成長狀態，慢慢增加他可獨力完成的事項，才不會在永無止盡的付出中枯竭。

【對策】勇敢畫界線

家長該如何避免過度付出？最快的方法就是「畫界線」，理性區分眼前的事，到底是「我的事」、「孩子的事」或「老天的事」？清楚界定責任範圍後，才能站在制高點行動，避免因撈過界而導致教養挫敗，也才能把教育效能發揮到極大化，同時給予彼此更多的自由空間。

【做法】

做父母的都捨不得孩子受苦，看到孩子生氣或難過，往往立刻與孩子感覺同步，沒有去釐清這感受是「孩子的」還是「自己的」。這源於自己和孩子的心理距離太近，近到把他的感知當成自己的感知。如此一來，親子情緒的主控權便落在孩子身上，父母要先讓孩子開心，自己才有辦法跟著開心。但要讓特殊孩子維持在喜悅狀態並不容易，這似乎意味著家長難以擁有快樂的時光？

因此，拉開自己和小孩間的心理距離，對特殊孩子的家長而言特別重要。請以理智時時提醒自己，孩子的感受是他自己的，不是你的。

1. 我的事

家長該做的事可簡化成提供孩子一個安全成長的保護傘，在孩子未成年前，給予他生活和知識技能上的訓練、教導，以及無條件的愛與陪伴。經常提醒自己，尤其在忙碌時，更需要來回檢視自己的行動是否在此範圍內。

2.孩子的事

孩子，不屬於父母，他和父母都是獨立的個體。因此，家長不要被自己對孩子「滿溢的愛」遮蔽了眼睛，誤把孩子當成自己，主動幫孩子完成他該做的事。

確實，家長們深怕天生能力輸在起跑點的孩子將來會受苦，迫切地想方設法防患未然。但在孩子能獨立前，可是有成千上萬件事會讓家長擔心，如果父母完全不願放手，讓孩子面對挫折，學習承擔的話，遲早會累死自己的！

其實，很多時候特殊孩子的情緒問題是被父母的好意給激出來的，這份好意經常爲孩子帶來挫折。無論孩子認知程度爲何，依然有個人喜好，當他覺得不需要或不喜歡父母的方式，但又不知如何表達時，往往就會用生氣、打罵的行徑來表達。此時，心急如焚的家長往往被其行爲牽引，而忘了要先處理這不當舉止的源頭——孩子的情緒及需求。

假若父母分分秒秒像直昇機一樣盤旋在孩子上空，孩子受到無微不至的保護，自然不願跨出舒適圈，便永遠學不會家長的教誨；另一方面，父母千辛萬苦卻仍無法推動孩子轉變，必定滿心挫敗，陪伴孩子的能量及愛也將迅速流失。倘若家長能強忍不捨之心，理智切割出孩子該做的事，在協助孩子獨立的目標下，堅持讓他獨力完成，即使孩子以哭鬧來拒絕或試探底線，但只要時間一久，孩子了解父母真正的態度後，反倒會因有明確的方向，而能慢慢做好該負責的事項。要注意的是，對他的要求必須符合其能力現況。

3. 老天的事

特殊孩子的家長都會傾盡心力地設法提升孩子的能力，然而不爭的事實是，孩子眞的有天生限制，就算傾家蕩產也不能改變其限制。倘若父母不願承認這點，硬是想要打破這個事實，恐怕會徒勞無功。孩子這輩子做不來的事，是老天的安排，箇中原由也只有老天明白，家長眞的不用自責，更無須與老天爭長短。

與其費心去增強孩子的弱項，還不如努力找出孩子的強項，將他人生的聚光燈由不足處轉移到長處，讓他在天賦的舞台上發光發熱。至於孩子的短處，只要盡量往社會中間值靠攏，縮短他團體適應的不便距離就好。現在，我會鼓勵兒子去做他能專注的事，不再計較這事是否能幫助他出人頭地、發大財。我相信一枝草一點露，老天既然讓他活下來，自然會照料兒子的一生。說實話，我也不能證明孩子的將來是否會如我所願，但在不確定的恐懼和期待之間，我寧可挑選正面的盼望。

至於如何處理孩子的情緒，當您看到孩子傷心，最健康的做法是「允許並陪伴」他走過這悲傷的歷程。例如：孩子因交不到朋友而亂發脾氣，媽媽只要靜靜將他摟在懷中，直到他不再啜泣，就足以安撫孩子受傷的心。要做到這程度並不容易，第一步就是區分出現在傷感的心情是孩子的而不是你的，在平靜的心態下，就能給予孩子所渴望的被接納感了。

當家長釐清眼前困擾的責任歸屬、區辨出情緒是自己的還是孩子的之後，心情自然輕鬆不少，因為無須盲目承擔他人責任和情緒包袱，便可清明地找到教養可著力處。

小太陽悄悄話

在「我的事」、「孩子的事」或「老天的事」這三件事情中，我覺得最難做到的是「孩子的事」。如何正確拿捏孩子的能力程度，以歸還他該負的責任，是門沒標準答案的藝術，需要家長的中立觀察及堅定心態才做得到。當然，不斷地嘗試及改進是必經過程。加油！祝福您早日找到最佳的親子距離。

【專欄】

堅持到底

當兒子上高中後，我想訓練他的自我照顧能力，於是提出分工要求：我買菜煮飯、他收桌子洗碗。這麼重大的改變，需要在實施前詳細鄭重地解說。我花了很多時間解釋為何要這麼做，但舒服慣了的兒子不買單，持續頑強抵抗，我千方百計都無法讓他服從。不僅如此，還得經常面臨瀰漫酸敗味的水槽和無碗筷可用的窘境。

老實說，忙碌的我多次想放棄訓練，和他這樣耗，除了造成髒亂外，還把自己氣到七竅生煙，不如我自己做算了！但如此一來，我永遠擺脫不了過度付出的悲劇，兒子也不可能獨立自主，哪一天我走了，已成年的他該怎麼辦？可是我又好怕和他繼續對抗，更沒人會支援單親獨住的我……就在內心不停交戰中，夜夜失眠，還經常胃痛到醒過來。

最後是不間斷的成長課程及內在療癒，供給了我在培養孩子獨立自主的路上持續走下去的動力。在不斷修正的努力嘗試中，兒子好不容易開始一點一滴地動了起來，最後終於能在我明確的要求下，準時清完桌子、洗好碗盤。在他做完之後，我便大大稱讚他願意克服惰性負起責任，他也回饋說，反正都要做，如果拖拖拉拉地要賴，到時就得和油膩膩的碗盤一起睡覺，所以他選擇趁還有力氣時趕快完成。

呼！眞是皇天不負苦心人，這項訓練超過一年，總算完美達標。更重要的是，讓以前被我過度保護的兒子懂得開始負責任，這才是今生我送給孩子最大的禮物。雖然是用失眠和胃痛換來的，但很値得。其實，整個過程最大的挑戰是，我能否不被情緒和慣性擊倒，堅持住理智的抉擇。

與父母和解：解開負面想法的源頭

在養育特殊孩子的路上，經常會碰到撞牆期。通常家長會由求醫、用藥、上課等理性方案開始著手，效果不彰時再往信仰、臣服、愛等靈性方面嘗試，若還是陷在無力化解的重複模式中，可透過進一步探討自己的潛意識（注一），找出問題的癥結。

【情境】

困擾小湘媽媽的不只是孩子的教養問題，還有她極力抗拒卻又逃脫不了的命運——不幸福的婚姻。她在重男輕女的家族中長大，自小就不受重視，更因一路看著媽媽委屈求全容忍爸爸不斷地外遇，她發誓長大後一定要組一個充滿愛的家庭，對孩子更要百般呵護。但事與願違，原以爲幸福美滿的婚姻，卻因第三者的介入而結束，她彷彿在冥冥中複製了媽媽的婚姻模式。手足中婚姻不圓滿的，還有妹妹。她十分不解，難道外遇是家族女人的魔咒嗎？

離婚後，她不僅要修復自己破碎的心，還要獨力扶養女兒，而且還是這麼一個桀傲不馴的特殊孩子，這些年試過各種方法都成效不彰，她已經黔驢技窮、心力交瘁了。

【對策】家族系統排列

想要了解像輪迴般不斷重複、難以解釋的家族歷史，最迅速的方法就是「家族系統排列」（注二）。這個方法可清楚讓人看見家族的集體潛意識如何影響現在的生活。此外，特殊孩子若出現找不到原因的情緒和行為時，也可利用家族系統排列協助家長快速找到應對方法。需提醒的是，請在專業人員協助下進行此一方法。

【做法】

爲了幫助小湘媽媽盡快克服問題，我建議她進行家族系統排列，以了解她家族的動力，終極目標是找出她日後該如何與女兒相處的模式。

家族系統排列通常在團體中進行，工作模式是邀請數位參與者來「代表」當事人的家族成員。藉由這幾位代表在排列場域中的感知、移動、肢體語言和表達，將當事人家族成員的潛意識呈現出來。透過排列，當事人能具體看到在沒有社交面具遮掩下，親人之間的眞正關係，以及這些關係如何牽動自己的生命。

在小湘媽媽的案例中，我請小湘媽媽先指導三位代表排出她、前夫和女兒的位置。（以下皆為「代表」的互動）

小湘媽媽和小湘面對面，前夫則背對著她們並站得遠遠的。三人的位置透露出小湘媽媽的意識中三人關係是：她和女兒是對峙的，前夫則是遠遠離開她們二人。

接著，代表開始隨著感知移動，小湘媽媽虛弱地彎下腰，好像隨時都會倒下。在她面前的女兒想扶她，但她完全不看女兒一眼，反而一直看著前夫的背影，默默流淚。由代表的肢體語言中看到，小湘媽媽根本不在意女兒，她重視的是前夫，難怪小湘一直因要不到母愛而對媽媽充滿憤怒。

接著，我加了一位參與者擔任小湘媽媽的父親。小湘媽媽的眼睛立刻轉到爸爸身上，並放聲大哭。從她視線的移動和崩潰的哭聲，可以判斷出她心中真正在意的人是爸爸，但意識上卻誤以為是前夫。

為了讓她看清楚自己內心的真正想法，我要求她對前夫說：「我們老早就一刀兩斷，現在我要走了，離婚是我的選擇。」說完後，她又聲淚俱下。

這時，在場外的小湘媽媽本人也痛哭流淚。

我問：「既然是妳的選擇，為什麼哭？」

小湘媽媽本人回答：「心好痛喔！我覺得失去了安定的感情，是這個感覺讓我這麼痛。我覺得前夫就是那個可以讓我安定的依靠。和他告別，意味著將失去讓我穩定的力量。」

「可是，能讓妳安定的人不是前夫，不要認錯人了。看看妳爸爸！」

這時，小湘媽媽的代表變得氣焰高漲但又滿腹委屈、怨恨地盯著爸爸。

從小湘媽媽的故事中，她對爸爸的憤怒應與媽媽的委屈有關，所以我又加入一位參與者代表她媽媽。

媽媽一進入場域，就像小媳婦般低著頭，無力看著地上。爸爸不看媽媽，臉朝著外面。她走到媽媽旁邊，十分不捨看著媽媽，媽媽卻無動於衷，仍茫然地盯著地上。這情形就如同小湘對她的態度，小湘正重複著母親不被外婆關注的命運。

我要求媽媽看女兒，但媽媽做不到。

因此，我在無力的媽媽背後，加上她的父母代表來支持她，但她還是不抬頭；於是，我又在媽媽背後，加入上一代的祖先來給她力量，卻仍沒用，我繼續加，一直加到十代祖先以後，媽媽才終於抬頭看著女兒。這現象說明，小湘外婆也是受了家族系統的影響，才會在夫家處於軟弱的狀態，心裡很苦卻說不出來。她身陷煎熬中都自顧不暇了，怎會有力量照顧女兒。

當媽媽能夠注視女兒，爸爸也終於可以轉頭看媽媽了。

我告訴在一旁觀看的小湘媽媽本人：「因為妳太愛受盡委屈卻不敢出聲的媽媽，所以在潛意識中承擔了媽媽的憤怒，主動幫她打抱不平，代替媽媽向爸爸抗議，這也就是所謂的『認同』。妳因為認同媽媽的處境，離開女兒的位置，站到媽媽的位置上，做了媽媽權限範圍內的事，因此才會對爸爸有這麼深的怨恨，一般孩子不會有這樣的行為。只有媽媽才有資格對爸爸生氣，為人子女對父母的命運，除了尊重還是尊重，幫不上忙也出不了力。當然，妳也搞不懂自己為何會做這些事，因為這一切都在潛意識層面運作，妳覺察不到。」

小湘媽媽露出五味雜陳的表情，看著我不語。面對這強烈的衝擊，任誰都有說不清的心情吧！認同的行為，都是當事人基於愛而「主動」去做的，小湘外婆並沒有要求女兒幫她出氣。解鈴還須繫鈴人，若想解套，即使當事人仍心懷愧疚，還是必須放下不屬於自己的包袱，有覺知地退回自己的位置才行。

因此，我要求場內的小湘媽媽代表以五體投地的姿勢趴在地上，對媽媽說：「親愛的媽媽，我很捨不得妳這麼辛苦，可是我只是妳的小孩，我什麼事也做不了。我尊重妳的命運，我要把妳的責任還給妳。往後，我會用幸福的生活來回報妳的偉大，請妳祝福我。」她斷斷續續嗚咽著講完這些話後，緩慢地起身。

接著，我要求這位代表轉向父親鞠躬說：「親愛的爸爸，我尊重你的人生。」爸爸的下巴仍抬得高高的。於是我要她跪下並說：「親愛的爸爸，謝謝你給我生命，我尊重你的人生。現在，我要把你的人生還給你，我要去過屬於我自己的生活，我會用幸福的人生來答謝你。」

聽了這番話後，爸爸臉部線條放鬆了，眼神也變柔和了，轉向她。她看到爸爸關愛的神情後，忽然像個小女孩似地爬向爸爸，雙手輕摸著爸爸的腳掌，仰頭看著爸爸，央求地說：「雖然我是女孩，但爸爸可以愛我嗎？我需要你的愛，就像你愛弟弟一樣。」

爸爸原本還有點嚴肅的臉霎時軟化，轉為慈愛的表情，並用雙手輕撫著她的頭說：「傻孩子，我一直都是愛妳的！」

這時，媽媽走到爸爸身邊。等她停止哭泣後，爸爸和媽媽攜手拉起她，並把她轉向小湘。

與父母連結後，小湘媽媽因收到父母的支持而變得有力，現在是直挺挺地站著，還主動對小湘張開雙手。小湘興高采烈地飛奔過來，投入她的懷抱，她輕撫小湘的頭，爸爸媽媽則將手輕放在她肩上，微笑地看著這一幕。

我對小湘媽媽本人說：「妳一直在尋尋覓覓的是爸爸的愛，不是前夫的愛。把眼前的幸福時刻記到心中！」她眼中帶淚，笑著點點頭。

「妳可以重新感受到父愛的關鍵，是妳願意退回到女兒的位置上。」小湘媽媽認真地點頭回應。

我接著說：「至於妳和妹妹皆面臨先生外遇的問題，那是因為妳們都太愛媽媽了，捨不得她而主動想去幫她，誤以為這樣做可以減輕媽媽所受的苦楚，所以才會重複媽媽的生活，是潛意識引導妳們走向不幸福的婚姻。」小湘媽媽聽完後，急切地詢問解決之道。

「由剛才的排列看到，妳在親子的序位上亂了套，所以妳必須主動退回到女兒的位置上，只要靜靜看著父母之間的關係就好，要尊重、不介入，因為無論是否認同他們的互動，父母的世界都不是小孩該插手的。如此一來，妳才不會跑到媽媽的位置，代替媽媽做她的事，可以單純當個女兒，不再因怨懟爸爸而拒絕他的關心，也才會願意接收爸爸給予的愛，『與爸爸和解』。接下來，妳就能過屬於自己的生活，而非走在媽媽的生命軌道上，賠了應有的幸福又幫不上忙。」緊接著我又說：「因為得到了渴求的父愛，就不會隨便亂找男人，以為可以給妳所需要的愛。倘若妳有機會再談一段新感情，相信這會是一段真正適合妳的關係，而不是為了填補情感空虛隨意抓取的替代品。」

小湘媽媽笑著猛點頭說：「懂！我懂！」

「現在，對於要如何和女兒相處，妳有什麼想法？」

她沉思了一會兒說道：「還沒想到具體的做法，但是，我覺得我有力量愛她了。」

「太棒了！祝福妳找到最佳的相處方式。」我提醒她：「人總是很容易又彈回舊模式。為了維持自己在正確的位置上，回家後要常做回到女兒位置的練習。步驟是，先找一個枕頭把它設定是爸爸，放在床頭，然後面對枕頭趴下，想像身體正由上而下接受來自爸爸的愛。同時，冥想爸爸正在對妳說妳最想聽的話，或做出妳最想要他對妳做的舉動，例如：抱著妳溫柔關愛地說著，妳是他這輩子最寶貝的孩子，他以妳為榮，感謝老天讓妳當他的女兒等等。最重要的是，記住被呵護的感覺，妳會感受到全身充滿愛的電能，之後就有更多的彈性和能量來陪伴孩子了。」

小湘媽媽眼角泛著淚光，開心笑著點頭。

溫馨的氣氛，讓整個空間瀰漫著幸福感。小湘媽媽的故事深深撼動在場的每一個人。

人類的生命之流，如同河水般從上往下流動。支持我們活下來的水流源自於上游的父母及祖先，唯有願意臣服於父母，同意接受來自他們各種形式的愛，才能存活下來。所謂的「父母」單純是因爲生下了我們，而成爲我們的父母，不是因爲他們做了或沒做什麼才夠格當我們的父母。這其中不存在是非對錯好壞的判斷，因爲父母是老天給我們的禮物。

小太陽悄悄話

孩子透過與父母的關係，才學會被愛，並將這個經驗類化到往後的情感中。例如一個人和爸爸（媽媽）的互動方式，就是往後與所有男人（女人）的關係模型，對象不同但基本方式不變。因此，如果想要擁有幸福的人生，就得先與父母和解，將關係模型修復起來，才能向老天「訂做」出理想的另一半。

【注解】

注一：奧地利精神分析學派創始人佛洛伊德醫師（Sigmund Freud）把心靈比喻成一座冰山，少部分浮在水面的是意識，而大部分留在水面下的則是潛意識。他認爲人的言行舉止，只有少部分是由意識控制，絕大部分都是由潛意識主宰，人難以察覺。

注二：家族系統排列（Family Constellation）方法由德國心理治療大師伯特·海寧格（Bert Hellinger）所提出，融合多種心理諮商專業技術及觀念，用簡單具體的方式，讓當事人明瞭家族的集體潛意識帶給個人的影響，該療法已廣爲世界各地諮商界所運用。

【專欄】

父子重逢：讓生命回到原始的設定

小湘媽媽的案例，讓我警覺到必須回頭處理我與前夫的關係。前夫因外遇而離開，所以，自離婚起我就負氣不與他聯絡，反正他也不來看小孩。一轉眼，兒子已經上高中了，他從一歲多起就沒見過爸爸，缺乏父系力量的支持，減少了百分之五十的成長能量，難怪這麼退縮。為了兒子好，我覺悟到不能再逃避，必須鼓起勇氣去求前夫來支持孩子。

為了讓兒子回到生命的原始設定，擁有原本屬於他的父親，我用兩年時間做好心理建設，跨過十幾年來沒說出的委屈、憤恨和痛楚，抱著豁出去的心情打電話給前夫。慣於演講的我，竟然緊張到差點開不了口，在電話中結結巴巴地表達來意。

幾番討論後，闊別十幾年的我們終於見面。那天，天生愛笑的我從頭到尾板著一張撲克臉，隱約感覺心中有許多複雜的情緒正在角力，因此，面無表情的凍結狀態反倒是最合適的表現。同時，我極度理智地做了一件事：跟前夫道歉，為我曾在婚姻中傷害過他而致歉。事後朋友罵我，是前夫拋家棄子，我幹嘛要認錯？

其實會離婚，雙方一定都有錯。過去我因被傷害而執意聚焦在他的錯誤上，即使形式上已離婚多年，但心中仍處於婚姻狀態，並未眞正和他結束關係。對！前夫是背叛了我，然而願不願意爲外遇負責是他的選擇，我無權干涉。另一方面，我也必須對自己犯過的錯承擔責任，才能從心理淡出這個陰影。這個道歉，不是爲他，而是爲我自己。

兒子一見到前夫便急切地叫爸爸，前夫卻以非常社交的方式和他打招呼。此時我心中百感交集，你們是父子耶，怎麼互動起來像陌生人？我是不是又做錯了什麼？爲了讓他們暢所欲言，我提早離開，一路上眼淚關不住地狂飆，在不斷自責中回到了家。

從這天起，我大病了一個月，很清楚這是強壓心底十幾年的情緒在反撲，和前夫的碰面，意外釋放出長年幽禁於心靈地窖中的怪獸。

這生病的一個月裡，我內心的天使與惡魔不斷交戰。惡魔鼓吹我要狠狠報復，天使卻苦口婆心勸阻我。這二股正反對立的力量強烈地拉扯我，我時時刻刻都在光明和黑暗之間來回奔跑，被折磨得快瘋了！忽然間急中生智，含著淚水雙手合十對著天空不斷祈禱：「親愛的老天，我不想報復前夫和那女人，可是我做不到，眞的做不到！請賜給我勇氣和力量去抵抗惡魔的召喚，請幫助我，現在只剩下祢可以幫我！」

不可思議的事發生了：脹痛的心慢慢不痛了，心中深不見底的黑洞也緩緩地塡平，委屈消融了，怒火也漸次熄滅。取而代之的是久違的祥和之氣，我終歸平靜下來，放棄了報復的念頭。在全然的臣服下，我收到老天給予的支持與力量。

這事件給我極大的啓示：臣服，是最輕鬆的路。這次久別重逢的衝擊，更是臨門一腳，讓我願意站在靈性的高度，以無條件的母愛，取代對前夫的怨恨。打從心底樂意協助他當孩子遲來的爸爸；即使仍未原諒他的外遇，但不會否認他是孩子爸爸的事實。兒子在與父親相認後，果眞也變得開朗獨立多了。

雖然前夫並未從此扮演稱職的「好爸爸」，但現在我學會了要尊重他，收回我的期待。原來他就是這麼一個低溫的人，跟熱情的我南轅北轍，難怪過去的我總是抱怨不已。怎麼會過了這麼久，我才發現？

這領悟解開了我的心結：覺察到當年自己愛上的是腦中所想像的他，不是眞正的他；我與他結婚，更有部分原因是我需要一個丈夫來塡滿我缺愛的心理黑洞。所以，我也必須爲這段失敗的婚姻負責。在那段婚姻中，我一直是寂寞的，因太在乎自己的感覺，而沒能看到前夫也是孤獨的。

因此，我要謝謝前夫，是他使我變得更成熟，學會負起自己生命的責任！在整理好人生中的重要關係後，我學習到臣服、尊重、被愛、負責的功課，雖然內心仍感到一絲絲哀傷，但我告訴自己內在的小孩：「我長大了，不要怕，我有能力保護你，我承諾會永遠支持、陪伴你。今後你不會再是孤單一個人。」漸漸感覺心中的空洞癒合了，我變得更有力量。再回過頭來看待與孩子的關係，彷彿內心有部機器正在調整我和兒子的心理距離，相信在這些學習的加持下，我將擁有更親密的親子關係。

總結

許多家長因爲照顧孩子的負擔太沉重，而被壓得喘不過氣來，有人逃到沒日沒夜的工作中、有人遁入宗教靈修中、有人整日抑鬱寡歡而生病、有人乾脆放棄而離婚或想自殺。然而，這些逃避行爲只能暫時麻木自己，孩子的問題仍然存在；若想解決困擾，「面對」是唯一的出路。

面對的原則是：先安頓自己↓再處理孩子↓其他事最後處置。面對之法，分爲意識及潛意識二方面，在意識層面上，有以下三個方向：

1. 人助：

A. 家屬分工
B. 善用社會資源
C. 聆聽心理師導讀電影
D. 找閨蜜好友大吐鬱悶
E. 接觸家長支持團體

F. 參加講座／成長團體

2. 自助：

A. 尊重自己的地雷

B. 當自己的導師，練習冷靜

C. 善用快樂活化法

D. 正向的壓力解讀

E. 勇於面對，找出解決策略

F. 建立心理界線

G. 運用正念設定公式：感恩＋想像＋阻斷的身體語言

3. 天助：

A. 臣服

B. 祈禱

C. 多做好事累積福分

保持最佳親子距離，會讓家長輕鬆不少。此外，強烈建議透過家族系統排列療法來釐清自己與父母間的眞實關係，解開負面想法的源頭，重新調整人際關係的互動模型。同時，別忘了幫孩子梳理他與父母之間的關係，讓他的生命回到愛的設定中。生命之旅，就是一個不斷修正的過程，誰能無過，覺察後能改正，才是持續向前邁進的最佳動力！

CHAPTER 5

自己情緒自己救！

初階：轉換情緒急救法

改變特殊孩子問題行爲所需的時間，一般來說是以「年」爲單位。過程中，家長一定會遇到情緒過不去的時候，身邊卻不見得有親友能夠陪伴支持。因此，一定要學會幾招從惡劣情緒中脫困的方法。下面介紹幾種「轉換情緒急救法」，都是我經常使用的方法。即使不能徹底轉換心情，至少可以暫時驅散烏雲，讓自己好過些。依照難易度分成初階篇及進階篇，大家可循序漸進試試看，或許能找到最適合自己的方法。

【對策】讓身心都積極正向

情緒、生理、想法、行爲相互影響，只要將其中一個面向提升到積極正向，就能帶動整體情緒的轉變，例如：

1. **身體連結**：包含發出如小狗的「哼！」聲、發長音的「O／歐……」、刻意的微笑、深呼吸、抱枕頭、彈指法、運動、回到童年時的玩耍、唱歌及睡覺等方法。
2. **快樂活化法**：只要能帶出快樂感受的方法皆可，諸如，專注地做一件事、和朋友相處、獨處、出遊。
3. **愛的行動**：無論是看著寵物的萌樣或做志工時的意義感，都會讓人開心。
4. **活在當下**：關注周遭環境的細節和身體此刻的感官感受，皆有助於抽離負面情緒。
5. **正向思考**：利用正面字條的提醒、「我」和「事件」區隔法、切換「擔心」和「快樂」的雙重開關，以及情緒覺察法等來停止不愉快的心情。
6. **書寫**：情緒激動時，往往無法有條理地表達想法，藉由寫下剛剛爭吵時來不及說出的話，可協助釐清混亂的思緒及平復心情。

【做法】

1. 身體連結

情緒的好壞往往來自於我們如何詮釋它。身體、想法和心情都會交互影響，所以可藉由身體的改變來帶動情緒的轉變。

A. 發出如小狗的「哼！」聲

身體若缺氧容易產生煩悶情緒，因此可利用快速呼吸提升身體含氧量，以跳脫鬱悶感受。首先感覺一下現在身體的緊繃程度，然後學小狗用力連續「哼！」二十幾聲，接著，觀察自己，這時應該會覺得心情變得較爲輕鬆。如果在公共場合，擔心別人眼光，可假裝鼻子癢，用手帕遮住口鼻後再發出「哼！」聲，既能化解尷尬又能轉換心情。

B. 發出長音的「O／歐……」

人在激動時身體處於戒備的緊繃狀態，發出長音的「O／歐……」可幫助肌肉放鬆。這個方法簡單不費力，大人小孩都可輕易做到，在心情沉重卻又難以表達時，很適合用此法解套。有時連續發了幾聲「O／歐……」之後，負面情緒竟神奇地隨著淚水宣洩而出，這是很好的紓壓方式，允許自己盡情釋放情緒吧！

C. **刻意的微笑**

當心情不佳，可努力擠出一個持續30秒以上的微笑，透過臉部肌肉的牽動，讓心情稍微好轉。

D. **呼吸法**

身體含氧量不足會使情緒低落，這時多做幾次深呼吸（如腹式呼吸），吸入大量氧氣，人會頓時清醒，恢復活力。另外，推薦印度古儒吉大師（Sri Sri Ravi Shankar）所教授的淨化呼吸法（Sudarshan Kriya），可以在不費力的呼吸中輕鬆轉換情緒。

E. **抱枕頭**

想緩和激動時的緊繃身體及不安情緒，可緊抱柔軟的枕頭或抱枕幾分鐘，身心會因爲被撫慰了及獲得安全感而放鬆。

F. **彈指法**

自己陷入情緒泥沼而不自知時，心情會像滑溜滑梯般越來越低沉，這時已脫離現實，陷落在後悔過去和擔憂未來之中，換言之，就是沒有活在當下。覺察到這一點時，可運用理智的力量切斷身體負面感受的蔓延，做法是用手指彈另一隻手掌，同時說：「沒有！」

透過些微痛覺讓自己回神，中斷負面想法。

G. 運動

有意識地運動身體，可中斷鬱悶的愁思。我常做的運動是舞蹈和瑜珈。運動時會刻意讓頭腦放空，全然融入音樂中，或專注於身體的變化：哪塊肌肉正在施力，哪裡感覺痠痛……這樣便可暫時隔絕負面情緒，爭取片刻喘息。也有人喜歡到學校操場散步、跑步，甚至邊跑邊大叫，雖然喉嚨啞了，心情卻鬆開了。多多發揮創意，每個人都可以找到適合自己的運動。

H. 回到童年時的玩耍

還記得童年時玩耍的心情嗎？雖然我們現在都是大人了，但仍可藉由孩子的遊戲來沖淡沉重嚴肅的心情。需要轉換氣氛時，和孩子（或家人）手勾手，唱童謠、跳躍、轉圈，彷彿回到童年時的快樂。光是這麼簡單的唱歌跳舞，就能讓整個身心都輕鬆起來。

I. 唱歌

唱歌能抒發情感，當人忘我地陶醉在歌曲中，就已暫時忘卻現實煩愁，得到身心休息。換氣時的刻意呼吸，也能活化身體細胞。須提醒的是，最好選擇正向積極有能量的曲目，避開哀怨愁苦的歌。

J. 睡覺

孩子會因睡眠不足而吵鬧，父母也會因太疲倦而心情惡劣，變成一觸即發的炸彈。所以，當家長自覺已累到無法處理孩子的吵鬧，在安全無虞下，建議暫時不去處理，等自己睡好覺補充完能量之後，說不定就有如何教導孩子的靈感出現。我常使用這招，短短睡個十幾分鐘，清醒後與兒子的互動就更加有彈性了。

2. 快樂活化法

家長切勿因爲照顧特殊孩子而失去生活朝氣。偶爾把孩子暫放一下，請親友幫忙照顧，抽空去做自己最喜歡、開心或感動的事。讓喜悅正向的時光取代沉重的壓力，就有機會找回生命的熱情。建議的方法有：

A. 專注地做一件事

培養一個興趣，無論是手工藝、園藝、烹飪、鑽研精油或到戶外活動，只要能專注其中，自然會忘卻不快，還能爲生活增添色彩。

B. 和朋友聚會

個性外向的人會在與外界的交流中獲得能量，讓疲乏的身心恢復彈性，如找人聊天、看電影、唱KTV等。就算是內向的人，也可主動安排與熟稔好友親密小聚，藉由深聊感受友伴的支持。

C.獨處

獨處的時光對家長而言非常珍貴，是自己的專屬時間，可以靜坐、看書、放空、購物、吃美食，一樣會得到休息充電的感受。

D.出遊

大自然擁有不可思議的療癒力量，都市人甚少領會。當你置身山林或被海風吹拂，感受大自然之美時，代表疲憊受傷的心正被大自然母親細心呵護著。我很喜歡坐在河邊或海邊，光是靜靜望著流淌的水，就能撫平紛亂的思緒。

3.愛的行動

當人的情感無法流動時，會產生窒息的感覺。透過下面的行動，讓自己感受到愛的交流，無論是給出愛，還是接受愛。

A.養寵物

在我和孩子天天發生嚴重衝突的那段期間，一直感受到心中有股愛被堵住了，想給卻給不出去，憋得非常難受！有天經過寵物店，忽然冒出想進去看看的念頭，就這麼無預期地養了一隻小倉鼠。每天看著小倉鼠可愛的舉止，原本僵硬的心瞬間融化，也不覺得生活是煉獄了。小動物的療癒力量，真是不可思議！

B. 做志工

沒有期待的無償付出，也是一種付出愛的方式。戶政事務所的志工在我去申請文件時，不但熱心指引，還遞上一杯水。僅是這些微小動作，就讓我感受到自己是被關注且值得被愛的，很感謝志工給予我的溫暖，我也樂意把這份愛繼續傳遞出去。因此，我會主動幫助他人，例如指引問路人。當對方露出真誠笑容，總讓我看見自己的價值，感激他們願意接受我的幫忙。

4. 活在當下

所謂「活在當下」，指的是覺知到此時此刻此地的環境和感受，也就是說，清楚地知道眼前有哪些人事物及自己的應對感覺。心情不好，表示我們大多沒有活在當下，不是氣惱過去就是擔憂未來而難以感到平靜。此時若能提醒自己回到當下，就可把自己從混亂的情緒堆中解救出來。下面分享一些做法：

A. 關注環境

首先，頭腦放空、安靜坐著，專注地數著房間內共有多少顏色，包括天花板、牆壁、地板、窗簾、桌椅等等。也可留意現在有哪些聲音？房間內的冷氣聲、時鐘滴答聲或小狗喘息聲，這些聲音的音調是高？還是低？同時屋外有哪些聲音，摩托車聲、小販叫賣聲、路人交談聲，這些聲音的頻率如何？這些練習就像球員比賽時的中場休息時間，暫時協助我們脫離腦袋的喋喋不休。

B. 關注身體

技巧是將注意力集中在當下的身體感受。例如行禪，這是一種在走動時進入禪定的方法，練習時既不交談，也不觀看周遭，只關注自己身體的感受。感覺腳是如何被鞋子包覆住，腳趾頭緊嗎？鞋底硬嗎？抬腳時，是由腿的哪個部位肌肉發動？又是哪個部位最先落地？一旦覺察心中升起雜念，就要立即有意識地停止思考，把自己拉回專注走路的感覺中。越練習就會越熟練，重點就是：不斷回到當下。

5. 正向思考

無論學了再多的身心靈技巧，仍會有瞬間迷失方向、掉入情緒深淵的時候。此刻，一秒鐘的提示，極為重要。

A. 正面提醒的字條

在紙條上寫下自己期待的特質或夢想，貼在可以清楚看見的地方，像是梳妝台鏡子、書桌前面、浴室門口，以便隨時自我加持。我的紙條上常出現的是「心寬幸福」、「勇氣」、「我可以」、「我已經做得夠好了」、「相信我會很好」、「老天是愛我的」等可以給予我力量的字眼。

B. 「我」和「事件」區隔法

感覺心情很糟，通常是把自己和事件綁在一起。如果能讓自己和事件所引起的情緒保持距離，立刻就能減輕負面情緒的強度。例如，兒子讀國中時，經常口出惡言並對我暴力相向，讓我覺得自己是個失敗透頂的媽媽。這個想法把我推向負面情緒的黑洞，最後我得了恐慌症。後來，我學會將「我」和「事件」切開，把「我是個很差勁的媽媽」這念頭改為「我是個『擁有自己很差勁』的想法的媽媽」，這一轉念，我和情緒拉開了距離，便不再被它緊緊綑綁住了。

C. 切換「擔心」和「快樂」的雙重開關

人的感受往往由多種情緒混合而成，因此在沮喪失望時，請允許自己可以同時處於擔心和快樂的情緒中，也就是說，在擔心的當下，有意識地關掉「擔心」的開關，並刻意開啓「快樂」的按鈕，同意自己可以一面擔心、一面快樂。用愉悅的正能量沖淡、稀釋掉擔心的負能量。當我焦慮時，會請自己吃幾口最愛的巧克力，讓寵愛自己的心情取代焦急的沮喪。至於減肥，明天再說吧！

D. 情緒覺察法

情緒就像伸手不見五指的濃霧，令人坐立不安，找不到前進的方向。但其實我們有能力觀察、探討與整理自己的情緒。一旦弄清楚爲何煩躁，心就能安靜下來。請練習以下問句進行自我探索：「我現在的期待是什麼？我在意的是什麼？我想要的是什麼？我眞正需要的什麼？我最渴望的是什麼？」如果能眞誠回答，就能因更貼近自己而感到踏實。

6. 書寫

衝突的當下，雙方都會關上溝通的大門，無法交流任何想法，自然也無法澄清誤會。衝突過後，在等待孩子恢復平靜時，可以眞誠寫下自己想法及心中感受，不但讓情緒有出口，還能理清紊亂思緒。當雙方情緒穩定時，便能依著所寫下的字條清楚陳述心中的眞意，如此一來，便能避免在氣頭上擦槍走火，也不怕時間久了會忘記要溝通的事項。

上述六個方向，可協助不太熟悉和自己相處的人，漸漸地與自我內在搭起溝通橋樑。在進階篇中，將有更多自我對話的方法，協助你看見意識層面之下，更多的自己。

小太陽悄悄話

照顧自己，對許多家長來說可能是比照顧孩子更難的功課。不過，慢慢學習，總有一天能夠上手。

只要小小的改變，就能開始破壞情緒怪獸軍團的勢力，慢慢削弱負面情緒的殺傷力。

進階：釋放情緒急救法

與意識上的自己連結後，可以試著透過往內在探索、心理諮商、潛意識與靈性等層面尋找負面情緒的根源。讓視野不侷限於一己之身，並懂得運用來自潛意識的資源，使眼前的挑戰順利過關！

【對策】與潛意識交流

1. **正面暗示：**運用潛意識、送祝福、假裝法、睡前設定法，以及想像與神／尊敬的人接觸，都是不錯的選擇。
2. **與內在小孩對話：**藉由愛的清單、生命書寫、祝福「未來的我」、自我安撫和愛自己等方式，安撫紛亂的心。
3. **真誠的服務：**帶著靈性與愛的真誠服務，是最不容易做到的，但卻是協助家長平穩情緒的最佳方式。

【做法】

1.正面暗示

這是吸引力法則的一種運用。吸引力法則的中心思想是，人會吸引符合此刻內心眞正想法的人事物而顯現於外在的環境中。我的生活經驗驗證了該法則的眞實性，因此，我會運用下面方法，協助自己盡量處於平靜的狀態。

A. 運用潛意識

把潛意識想像成一位忠僕，只要你發出一個意念，它就使命必達，讓願望成眞。但這念頭必須來自心中眞誠的感受，而不是理智上的需求。而且潛意識執行命令時，不分對象、不分主詞、聽不懂「不」，只會照著「動詞」指示去做。因此，當運用正面暗示時，請務必使用肯定句，如「我『可以』冷靜地說話。」而勿使用否定句，如「我『不』能說話太急躁。」

B. 送祝福

這是我最常用、最喜歡的「傻瓜暗示法」。我相信，宇宙的運作是自己給出去的東西未來必定會回到自己身上，因此，我經常送祝福給別人，把自己渴望的期待送給每個遇見的人。希望除了可帶給他人更美好的未來外，也送給自己一個好的預言，不管心願是否能成真，祝福的當下，我都處在光明正向的心情中。

例如，希望拒學的兒子能夠再回到學校，我便在心中對路上碰到的每個人說：「希望你的孩子每天都開心上學！」每看到一個人就說一次，等一次紅綠燈就可以說上十幾次。每次送完祝福，心情就會因懷抱希望而開朗。無論孩子是否真的回去上學，送人祝福所換來的片刻喜悅，對經年累月困於孩子問題的家長來說，是很難得的時光。

C. 睡前設定法

睡前應是一天當中意識最放鬆的時刻。這時，潛意識已慢慢出來交班，可以利用這個時刻對潛意識下指令，設定明天的期望，起碼能帶著好心情入眠。就我的經驗，有時候還真的不可思議地夢想成真呢！

D. 想像與神／尊敬的人接觸

如果你有宗教信仰，或有尊敬的精神導師，在睡前可想像自己蓋著恩典的棉被，睡在神／尊敬的人的腳下，感覺祂與自己同在。試過的個案回饋說，這個策略讓他感覺更安定、更有依靠。

2.與內在小孩對話

許多家長很容易被孩子的小過錯激起莫名的氣憤，自己也不明白爲何這麼生氣。其實，過度的反應往往來自家長受傷的「內在小孩」。因此，家長必須先療癒自己的內在小孩，解開心結，才可能冷靜對待孩子。

「內在小孩」是心理治療與諮商常用的比喻，指年幼時受到創傷的小小自己，或純眞的童年形象。童年創傷不會隨著年齡而消失，只是把它掩藏在心底，暫時覺察不到而已，日後若有類似事件發生，就會勾起舊傷，再度感到當年的痛楚。即使是微不足道的小事，也會令人難以承受。

不被愛、沒價值和沒歸屬感，是最常見的內在小孩感受。療癒的方法很多，以下介紹的是可自行操作的方式：

A. 愛的清單

所有的創傷都和未滿足的愛有關，須從「愛的關係」上著手，在「誰愛我、我可以愛誰、我活著的價值」這三點上一一審視。請先拿出一張紙，畫上如圖四的表格。接著深呼吸幾次，感覺平靜後，逐欄塡滿表格。

（圖四）愛的清單範例

愛的清單		
誰愛我	我可以愛誰	我活著的價值
舉例： 爸爸、媽媽、姊姊、弟弟、女兒、同學A、朋友B	舉例： 左欄中的對象 + 志工的服務對象	舉例： 有能力幫助他人 別人因我而開心

寫完後，用客觀的眼光欣賞自己「愛的清單」，讓原本孤立無援的感覺，轉換成充滿力量的感受。透過條列愛的清單，我讓內在小孩「看到」她不孤單，她是被關愛的。

B. 生命書寫

當頭腦被太多想法或情緒占滿時，會迷失最重要的東西。此時以書寫釐清思緒，是很好的方式。書寫時可或依當下的情境決定主題，例如對內在小孩、對逝去的親人想說的話，或是自問：「如果我的生命只剩下一天，我要做什麼？爲什麼？」透過這樣的內在對話，思考速度會慢下來，同時也能看到自己最重視的事情是什麼？自由繪畫也有類似的功效，任何筆或紙都可以拿來塗塗畫畫，重點不在美醜，而是透過畫面與自己對話，抒發情緒，尋回內在的安定。

C. 祝福「未來的我」

想像將來的自己，經過多年的種種磨練後，會給予現在心中受傷的內在小孩哪些祝福的話。藉由想像未來的你支持現在的你，去感受正向的希望與指引。

D. 自我安撫

特殊孩子的家長經常陷入自責、內疚的低潮中，只要覺察到心中又出現自我批判的聲音，請務必立刻安撫充滿罪惡感的內在小孩：「沒關係，你很棒，你已經做得夠好了，請接受現在的自己，我愛你。」如此重複幾次之後，自我厭惡的感覺就會逐漸消失。

E. 愛自己

亟須與內在小孩溝通時，可以在安靜的房間內，拿一個玩偶或枕頭，把他當成自己的內在小孩，溫柔地把他緊緊抱在胸口，彷彿他是全世界你最珍愛的人，萬分疼惜地對他說：「親愛的○○（你的小名），你這樣是正常的，我允許你，我接受你，我愛你！」或「我知道，小時候爸爸對你不理不睬，你很傷心，我可以體會你難過的心情。」

3. 真誠的服務

倘若家長能帶著服務的精神對待孩子，會比較容易保持平靜。因爲服務是無期待的付出，焦點放在「對方」而非自己身上，所有的行動都是以讓對方感到舒適爲目標。如同在服務尊敬的人或神時，總是盡心盡力提供最好的事物，至於對方是否滿意，不在我們的考量中，更不在我們掌控中。父母在教養特殊孩子時若也能秉持這種服務精神，即使孩子一無進展，也不會感到挫敗，因爲我們唯一的目的就是服務，所以不會有期待落空的感覺。

小太陽悄悄話

進階的釋放情緒急救法，不僅僅讓自己脫離不愉快的心情，還更進一步往自我療癒的方向前進。當家長可以穩如泰山，不管孩子如何吵鬧，都可看到他行為背後的需求，並滿足孩子說不出的需要時，親子和樂的生活將會是常態。

【專欄】

絕境生靈機

單親的我遇到教養瓶頸，身邊無人可以依靠，一定得自救才行。這也是我之所以發展這麼多自救技巧的原因——被「逼．出．來」的。

例如，即將上大學的兒子遲遲不去登記宿舍，無論怎麼提醒催促都不理，眼看開學日一天天逼近，我漸漸焦慮起來，忍不住發脾氣，開始怒斥他，這時覺察到自己陷入和兒子的爭辯中，又落入以往的心理遊戲，被他的歪理搞暈了頭。因此，我理智地轉頭回房間，先坐下，閉眼，感覺身體當下的感受：頭部發脹、呼吸短促、嘴唇緊閉、心裡空蕩。隨即抓了個枕頭緊抱在懷中，自問：「我在氣什麼？」半晌，覺察到其實自己眞正的情緒是擔憂害怕，生氣只是煙霧彈罷了。

於是，拿出紙筆寫下自己的憂慮：期待兒子馬上登記宿舍，是因爲如果他不這麼做，就會錯失機會而被迫到校外找房子。以他現在不成熟不獨立的生活方式，說不定會搞到斷水斷電，到時遠在台北的我也幫不上忙。這麼一來，他會不會因心理無法承受而自殘、跟房東起爭執、落入險境……想到這裡，我突然心跳加快、胃部緊縮，彷彿這一切都已成眞，但此刻兒子明明還在家裡晃來晃去。釐清之後，才意識到自己陷入了想像的恐懼中。

我告訴自己：「我是陷入想像恐懼的媽媽」，用「我」和「事件」區隔法降低驚慌程度。我緩緩吐了一口長長的氣，感覺胃已不再緊繃、心跳恢復正常、怒氣也消失了。再自問：「我該如何處理？」

穿越了情緒的迷霧森林，在理智的引導下，我淡定地對兒子說：「住校比較輕鬆，要不要住校由你決定，我都尊重你。」然後就出門去忙別的事了。沒想到回家後，兒子一臉驕傲地說：「我已經搞定住校的事了！」我心中暗自竊喜，幸虧剛才先搞定自己的情緒，兒子才願意承擔起自己的責任，不但我輕鬆又能讓他獲得成就感，眞是一舉兩得！

總結

運用情緒、生理、想法、行為會相互影響的現象，家長可透過初階的轉換情緒急救法及進階釋放情緒急救法，協助自己維持在淡定狀態。

初階的轉換情緒急救法：

1. 身體連結
2. 快樂活化法
3. 愛的行動
4. 活在當下
5. 正向思考
6. 書寫

進階釋放情緒急救法：

1. 正面暗示
2. 與內在小孩對話

3.眞誠的服務

所有的轉換情緒急救法，都是在協助家長能夠調整自我、重返平靜，進一步跳脫徒勞無功的舊方法，以發掘省力的陪伴新方式。在此，祝福您能帶著對生命的信任與安全感，邁向充滿愛的親子關係。

PART 4

家長有什麼資源可以運用？

CHAPTER 6

架設安全空間的防護網

許多特殊孩子小時候並無異狀，只是看起來比別的孩子安靜害羞，或者特別好動粗心，直到國高中出現拒學或其他嚴重問題行爲時，家長才驚覺到他有特殊限制。這情形特別容易發生在亞斯伯格症孩子身上。家長不但要面對突如其來的驚嚇，更陷在未來該如何教育孩子的迷惘中，不知所措。

【情境】

向來安靜寡言、循規蹈矩的小美從小學五年級開始突然個性大轉變，經常和父母講不到三句話就吵起來。老師說這可能是前青春期的叛逆，爸媽便不以爲意。不料，國中二年級時小美突然不肯上學，問她原因也不說，怎麼勸、怎麼威脅利誘，她就是不肯去。學校導師來做家庭訪問，小美氣得大吵大鬧，最後躲在房裡不出來，完全不理老師。爸媽想替小美請長期假，但學校卻告知若沒有醫生診斷證明，就無法辦理。

爸媽弄不清這孩子是出了什麼問題，在老師建議下，決定帶小美去看身心科。但小美拒絕去醫院，爸媽死拖活拖，總算把小美拉到醫院身心科。經過一番診察，醫生診斷小美是亞斯伯格症患者。爸媽嚇傻了，腦筋一片空白，自己的寶貝居然不正常！亞斯伯格症是什麼？爲什麼小美會有亞斯伯格症？她未來會變成什麼樣子？該如何教養這樣的孩子？突然面對這驚人的事實，都是台大畢業、任外商主管的小美爸媽，完全亂了方寸。

【對策】

當孩子被確診爲特殊孩子時，家長若有震驚、懷疑、否認、困惑、難過、生氣、抱怨、慌亂、害怕、自責、茫然等情緒，都是正常的。如果對診斷有疑惑，可尋找第二個專家的意見，一旦獲得證實後，家長最好盡快調整心態並接受事實，才能好好地幫助孩子健康成長。

小孩在國中前會聽父母的話，也是訓練的黃金期；國中以後，孩子的自我意識萌芽，開始抗拒家長的教養。不過即使錯過了黃金期，亡羊補牢總比什麼都不做好，任何時候只要開始採用正確的對待方式，還是可以幫孩子爭取到安全的成長空間。特殊孩子不見得無法正常生活，在家長配合其能力及細膩引導下，還是可能讓孩子過著一般人的生活。

值得一提的是，在養育特殊孩子時，求的是正確的「方向」，而非速度。父母要將眼光放遠，我們要看的是孩子的一輩子，無須在此時與他人比較學業成績或技藝的高低，這對他一生的幸福幫助不大。此外，千萬不要放棄希望。許多案例證實，無論孩子的限制是何時發現的，孩子都可以成長、改變，雖然天生症狀無法完全消弭，但只要用對方法，都可削弱症狀的強度，提升不足的能力。

特殊孩子的成長過程需要高度支持，光靠父母是不夠的。即使家長能把孩子照顧得很好，但總有死去的一天，其他手足可能礙於自己家庭而無法照料他，那時獨活的孩子該怎麼辦？因此，家長應盡早連結環境中的其他資源，爲孩子營造出最大的安全防護網，透過友善環境來幫助他早日學會獨立自主的本事，就算無法完全獨立，也必須有部分自理的能力。

爲達到這目標，我們可從學校、介入計畫、社會資源、心理建設四大方面開始著手：

1.學校方面

孩子成年前，家庭以外的主要活動和學習場所就是學校，因此老師的價值觀、教材教法、班級經營、對孩子的認知、價值觀、情緒或行為具有很大的影響力，所以家長應密切與學校合作。在得知孩子是特殊教育學生後，應盡速和學校特殊教育組說明，向「特殊教育學生鑑定及就學輔導會」申請鑑定，通過鑑定後就可爲孩子爭取到許多特殊學習的支持。身心障礙學生類型包含：智能障礙、視覺障礙、聽覺障礙、語言障礙、肢體障礙、身體病弱、嚴重情緒障礙、學習障礙、多重障礙、自閉症、發展遲緩……等十一類。許多亞斯伯格症、過動症的學生，經藥物治療後仍有情緒困擾時，就會被鑑定爲情緒障礙生。

取得特殊生身分後，學校會召集由特教老師、導師、任課老師、相關行政人員、父母或監護人組成會議，共同研擬IEP（Individualized Education Program，個別化教育計畫），根據孩子的能力及需要來量身訂做合適的教育計畫，匯集更多資源與支持，讓孩子適應學校生活並有學習機會。IEP內容可包括下列事項：

A. 學生認知能力、溝通能力、行動能力、情緒、人際關係、感官功能、健康狀況、生活自理能力、國文、數學等學業能力之現況可依據特殊孩子的弱項，和學校商量特別輔導，例如：他不擅長人際互動，學校可專程開設人際關係課程，提供孩子安全的學習環境。也可安排心理師進行個別諮商，讓孩子在心情低落時有個專業人士願意傾聽他的心聲，這對長期壓抑的特殊孩子來說，是很好的紓壓管道。

B. 學生家庭狀況

特教老師若能了解家庭成員的互動模式，可提出更有效能的教養建議給家長。如家長與老師保持良好互動，孩子在家有特別狀況時，家長可立即和老師討論；當孩子在校有需要注意的行爲時，老師也會在第一時間告知，讓父母在家裡給孩子相同方向的持續支持。如此一來，孩子需要的關注不會間斷，讓他一天24小時遵循同樣的教養原則，這樣調適很慢的特殊孩子才不會因混淆而無所適從。

C. 學生身心障礙狀況對其在普通班上課及生活之影響

在孩子及家長的同意下，特教老師可入班宣導，適當引導同學以友愛的角度，看待及接納特殊同學的限制，而願意給出更多的包容與關愛。同學的友善回應，對渴望友誼的特殊孩子來說十分重要，我非常推薦。我兒子原本因爲害怕被同學排斥，不願意暴露自己特殊生的身分。但在特教老師入班說明之後，同學們的善心被激發出來，有的同學懺悔未能好好對待他，有的同學覺察到自己好像也有某些障礙，因而更願意包容，更有同學因此立志要讀心理系，以後幫助更多的特殊學生。

D. **適合學生之評量方式**

許多特殊孩子難以規律地上課，甚或有學習障礙，要求他們每一科都要跟一般生一樣60分才算及格，實在強人所難。此時可在IEP會議中爭取及格成績的彈性調整，例如某些科目的及格成績調整為40分，這樣至少孩子不需每科都補考，可減輕許多學習壓力。

E. **學生因問題影響學習者，其行政支援及處理方式**

例如特殊生常因動作拖拉而常態性遲到，日積月累下來可能會被記大過，所以可向學校申請遠道證，讓他有更寬裕的時間來準備上學。

F. **學生教育目標及學期教育目標**

例如發現孩子跟不上同學的學習，開始倦學時，可和特教老師密切合作，找到最適合孩子的學習方式，增強加他到校學習的動機。

G. **學生所需要之特殊教育及相關專業服務**

例如孩子因交友受挫而拒學，可商請特教老師安排心理諮商、特別運動訓練，或隨時到諮商室獨處等安置。

H. 學生能參與普通學校（班）之時間及項目

特殊孩子的成長速度較慢，依據他的在校表現，可和特教老師及導師商討出適合當下能力的安置。例如很多特殊孩子在書寫上有困難，老師可調整他功課的書寫量或改由打字替代。

I. 學期教育目標是否達成之評量日期及標準

每學期的IEP會議是家長和學校團隊唯一一次針對特殊生的個別教育計畫會議，家長要盡可能出席。利用這個機會，父母可了解孩子在校的學習狀況，提供自己的心得、醫生的意見，和老師交換意見，融合到下學期的教學計畫中。家長越用心，老師也會跟著付出更多心力。

J. 學前教育大班、國小六年級、國中三年級及高中（職）三年級學生之轉銜服務內容

孩子從一個學習階段畢業，即將進入下一階段時，家長要留意友善環境也要銜接。一確定將就讀的學校，就要請原校的特教老師到下一間學校的特教組開會，交接孩子的資料。如此不但幫助孩子順利就學，也奠定家長和日後老師的溝通基礎。

要注意的是，友善環境的安排至少要到大學畢業才可停止。特殊孩子許多能力的發展比一般孩子慢，家長需要特別留心，千萬不要認爲他上大學就是已經成年，可以全然放手了。須以「大學高中化」的態度來支持監督，甚至要確認他都有上課、有做到每個老師的要求。

不過，與先前階段不同的是，孩子上大學後家長雖仍需私下與老師保持連繫，但不要讓孩子知道。當孩子遇到問題時，家長不要出面處理，要求他自己和老師、同學溝通，讓他開始學習負責。另外，可與老師討論，找出班上較有愛心的同學做他的小天使，給予學習上的幫助。

安頓好孩子在外面的主要大環境後，再處理介入計畫、社會資源、及心理建設，並更進一步思考孩子的生涯發展和教育方向。

小太陽悄悄話

學校和家庭是未成年特殊孩子主要的活動及學習場所，在親師目標一致的共同合作下，可提供給孩子全面性的支持。要特別提醒的是，在訂定特殊孩子的教養方向時，眼光應放遠，從他一輩子的需求著手，這才是最佳的協助與支持。

CHAPTER 7

串聯防護網

於架設防護網的行動中，完成了學校方面的布署後，接下來要擴大範圍，進行介入計畫、社會資源和心理建設方面的規畫。

【做法】

1.規畫介入計畫

計畫內容包含孩子症狀的習得、教育規畫、行爲管理訓練、和藥物治療（如果需要服用時）。坊間有各式各樣的療法和工作坊，家長可在學習體驗後選擇合適的數種方法，和醫師、治療師、特教老師等合作，依據孩子的限制，設計出有效能的介入計畫。因每個特殊孩子的核心問題都不同，家長必須爲自己的孩子花心思，做個別化考量。此外，孩子在學齡前、國小、青春期可能發生的問題都不同，因此需要隨時調整教養方式和內容。

父母在確定孩子屬於哪種類型的限制之後，就要開始研讀相關資料，並把這些知識與周圍的人溝通，以尋求他們的理解及包容。同時，運用結構式教學法來協助孩子過更有秩序的生活，安排他上課程、工作坊，引導孩子學習自我覺察和控制。可別小看孩子的學習能力！家長和孩子同心協力，會比單方面努力更有效果。

至於孩子是否要用藥，是許多家長的困擾。一方面必須靠藥物改善問題，一方面又擔心產生藥物依賴、副作用，這眞的很難權衡。這時，建議以目標導向的方法來幫助決策：如果目的是讓孩子學習，用藥可讓他暫時情緒穩定，孩子就有機會學習適當的情緒表達並實際練習。他的情緒障礙不會因此完全消失，但強度可降低許多，例如由大叫降到碎念、跺腳。若是有健康疑慮而決定不用藥，那麼家長需在環境與生活支持上下更多功夫。我看過一個成年個案，動不動就發脾氣出手打人而屢遭公司辭退，但服用藥物後竟然可以開心工作了。所以，建議家長不要排斥用藥。

另外，精神科藥物的副作用要經過一段適應期才會消失，試藥期需密切與醫生討論調藥，千萬不要自行停藥，這樣會讓某些藥失效。倘若孩子的情緒和行爲有關聯時，仍須搭配行爲訓練，將來才有停藥的可能。

2.社會資源運用方面

一位美國退休的資深特教老師告訴我，他到現在還無法歸納出教養特殊孩子的通則，對每個孩子仍須提供量身訂做的個別輔導。所以非專業的家長在遇到瓶頸時，一定要多利用相關資源的協助，包括情緒、紓壓、親職知能、教養經驗等方面。醫院的兒童/青少年心智科和特教諮詢專線，都可提供給家長很好的建議，有的醫院還提供專屬的個別與團體療育課程，並設立家長心理諮詢服務。此外，相關的協會、基金會、早療中心、大學特教系、各市的特教資源中心等，都有療育的課程和諮詢的服務；另外，特殊孩子家長成長團體和宗教信仰，也都是獲得支持力量及倒情緒垃圾的好地方。

更重要的是，不可只聚焦在孩子的需求上，家長別忘了自己也要充電喘息。無數的專家指出，孩子在醫生老師面前通常都能乖乖遵循指令，但一回家就變臉，與家長要賴對抗。除了心理距離的因素外，最主要的根源是心力交瘁的家長無法維持淡定，一看到孩子脫序立刻發怒，再度陷入親子情緒角力的舊模式中。因此我強烈推薦多多參加家長成長團體，和聽得懂並願意傾聽的家長互吐苦水，交流心得，激發創意。這條漫長又不可能放棄的旅途，我們極需同路人的陪伴和打氣，沒走過的人很難理解家長那份難以言喻的艱辛、糾結和絕望感。

3. 心理建設方面

當家長得知孩子是特殊孩子時，通常會經歷下列的心態調整階段。在此我想告訴各位的是，我們都經歷過這些，你並非孤單的！

A. 對孩子期待的衝擊和失落

大部分的特殊孩子家長都必須將望子成龍望女成鳳的期待，轉換爲只要孩子健康地活著就好，並且還得把這小小的希望，託付給老天，因爲這不是人力可以控制的。

B. 面對孩子狀況時的困惑、焦慮與無望

有的家長千方百計想爲孩子的特殊限制找到原因，是前世因果？懷孕時營養不良？還是遺傳？或者因爲覺得沒面子而對外極力否認，不然就是怕孩子被貼標籤而想隱瞞症狀，或是苦惱該如何進行療育，而方寸大亂、全家雞飛狗跳。其實，不論是歸因、逃避或焦慮，都無法改變事實，也無助於推動孩子成長。建議大家盡速採取實際行動，才是正途。

C. 接受或否定孩子狀況的抉擇

要承認並接受自己的骨肉有天生限制，是需要勇氣的。出於無知或是膽怯，有些家長會拒絕承認自己的孩子是特殊孩子。如果父母選擇了否認的道路，對孩子沒有任何助益，不但阻礙學校提供協助的機會，也阻斷了孩子未來的可能性。

D. 家庭關係的改變及職務角色分配

有些夫妻深愛著孩子，而更緊密地攜手共同努力來陪伴他。但也有些夫妻在得知這事實後，關係變得疏離，甚至其中一方因受不了壓力而離婚以逃避無力感。有時則是其他手足覺得父母花太多心思在特殊孩子身上，沒有照顧到自己，而覺得不公平。不管是怎樣的家庭，都需花一段時間才能接受家裡有特殊孩子的事實，並摸索出面對的態度及在照顧上的分工。例如：爸爸負責帶孩子對外串門子，以減輕他退縮的程度，媽媽則專注在生活作息上的照顧。照料特殊孩子的正確觀念是「股份有限公司」，也就是說，這孩子是全家人的，全家（包含手足與親戚）都有股份，大家要一起照料，而不是把他當成媽媽一個人的獨資公司，全丟給媽媽負責。這樣才能減輕主要照顧者的負擔，也不會讓家庭失去正常功能。有個案例是媽媽把特殊孩子照顧得無微不至，但因過勞而離世，她過世後，家人連這孩子要吃什麼藥都不知道。為了避免這樣的狀況，全家共同分工實有必要。

E. 正向看待壓力及自我調適

一旦孩子確診爲特殊孩子後，家長會立刻面臨來自自己、他人、及孩子排山倒海而來的壓力。與其逃避、被壓力淹沒，不如鼓起勇氣正面迎戰，說不定可開創出新的局面。倘若能正向地把危機當成轉機，將特殊孩子帶來的衝擊力道，轉換成修練自我的動力，不但可拓展自己的能耐，還會變得更有力量來支持孩子。

我要特別強調的是：孩子的問題不是家長的過錯，但父母卻是幫助孩子的關鍵人物。特殊孩子可快樂成長的必備條件，就是家長超級的耐心、比孩子更堅持的毅力及平穩地陪伴！若家長在心理上沒準備好，將無法面對、處理特殊孩子的無預期狀況，更別提陪伴他健康長大。

家長除了需學習十八般武藝來幫助孩子外，自己更要設法維持平穩心境；同時也要讓孩子明瞭自己的限制，並教導因應的方式。例如，告訴孩子每個人都在某方面有限制，只要找到輔助的方法就可以正常生活。例如有近視的人，只要戴上眼鏡就可以看得清楚。他的特質也有方法可改善，不需自卑絕望。家長可以幫助孩子用正常的眼光來接納自己的特性，避免他不斷自我批判。

小太陽悄悄話

當家長得知孩子是特殊生時，可透過學校、介入計畫、社會資源、心理建設四大方面，幫孩子和自己營造安全的調適空間。陪伴孩子的路途是漫長的，家長要有長期抗戰的心理準備，需捨棄職場上追逐績效的慣性，允許親子雙方以自己的速度，發掘最適合彼此的互動模式，找回剛生下寶貝時無條件的愛，就能重拾幸福的親子生活。

CHAPTER 8

幫助周遭的人了解孩子，以獲得友善的環境

架設好防護網後，下一步就是要主動向周遭親友介紹孩子的特殊性，以獲得理解，才可能請他們以友善方式與孩子相處。

有鑑於每個特殊孩子的核心特點不同，清楚掌握其獨特性可避免誤觸地雷，還可更進一步協助周遭的人支持他的需求。可先條列式地將孩子的獨特性寫在紙上，將來無論是轉銜或臨托時，都可避免因口頭描述而遺漏訊息，並可協助照顧者在短時間內上手。

【對策】掌握八種主要特質

孩子的獨特性可分類如下：敏感處、表達方式、生活習慣、食物、衣物、外出、生理及心理。這八大類特性會影響他人的對待態度及互動方式（注一）。

【做法】

建議家長可填上孩子現況說明表（如表六），以妥善地介紹孩子的特殊點。

1. 敏感處／特殊需求處

特殊孩子通常五感（聽覺、觸

（表六）孩子現況說明表

姓名：＿＿＿＿＿＿　生日：＿＿＿＿＿＿　性別：＿＿＿＿　血型：＿＿＿＿
緊急聯絡人：＿＿＿＿＿＿　關係：＿＿＿＿＿＿　連絡電話：＿＿＿＿＿＿
就醫醫院：＿＿＿＿＿＿　醫生姓名：＿＿＿＿＿＿　醫院電話：＿＿＿＿＿＿

項目	說明	因應方法／注意事項
1. 敏感處／特殊需求處		
2. 表達方式		
3. 生活習慣		
4. 食物		
5. 衣物		
6. 外出		
7. 生理		
8. 心理		
9. 其他		

覺、味覺、嗅覺、視覺）中的一種或數種會特別敏感，因而容易引發負面情緒。例如聽覺敏感的孩子進入百貨公司時，來自四面八方的聲音對他來說可能像雷聲一樣轟隆作響，孩子會因無法承受而大叫、自傷或傷人。所以陪伴聽覺敏感的孩子時，應避免到吵雜之處或讓他戴上耳塞，以減少刺激。

也有些孩子一見人就湊上去聞對方的頭髮，讓家長和他人驚嚇困擾，其實這孩子可能是想透過頭髮的氣味來滿足其嗅覺上的需求。倘若父母不知道孩子行為背後的動機，可能會以打罵來制止孩子，但效果不彰；即使制止了這一回，下次他還是依然故我。因此需要照顧者向旁人特別解說，請他們見諒。

2. 表達方式

詞不達意、不會看場合說話，是大部分特殊孩子的特點。尤其是自閉症患者，無論認知程度高低，常出現非慣性語言。例如他著急地說：「快點快點」，他眞正的意思是急著想上廁所，但若非熟悉他行爲模式的人很難猜出他的眞意，這時若別人追問：「什麼東西快點？」他可能就大發雷霆。因此家長要把孩子的溝通習慣告訴旁人，例如新班級的老師，以免孩子在學校不斷受挫，也讓老師省去摸索的時間。一般說來，孩子用非慣性語言的目的，可能是在表達需求、逃避、拒絕、確認訊息或自我規範等。

3. 生活習慣

孩子有收集物品的習慣嗎？是什麼？喜歡看什麼電視節目？會不會打電話？會不會上網？上網都看些什麼？使用過的物品會自行歸位嗎？房間物品在位置上有特別擺放習慣與方式嗎？他會不會討厭別人移動他的東西？女孩在生理期會不會換衛生棉？

孩子會不會自己摺折被子、整理床鋪？可以自己睡或是需與家人同寢室？若有，是誰？睡前需要陪伴孩子多久時間才可以離開？有無特別需要置放或固定使用的物品？如：被子、玩偶等。

睡前有無特別的習慣？如：喝熱牛奶、洗澡等。我陪伴的特殊孩子中，有一位若沒洗澡就只肯窩在沙發上睡，絕對不上床睡，但他常常還沒洗澡就累得睡著，曾創下在沙發上連睡十天的紀錄。

孩子有無每天固定要做的事情或活動？如：早餐固定吃什麼？大便時間有固定嗎？睡眠時間多長？有個特殊小孩若沒午睡，一定會大發雷霆，所以她父母即使在戶外，都會要求她在用完餐後小睡片刻，就可避開無謂的怒氣。

有無儀式性行爲（也就是某些事一定要按照順序完成，不然會暴走）？例如：明明出門赴約快遲到了，孩子卻堅持一定要做完所有「該做的事」才願意出門。這些事可能包含：把手機擦得亮晶晶並把充電線擺成固定的樣貌，左邊口袋放十張衛生紙，右邊口袋只能放錢包，拖鞋擺成特定角度，外出包中一定要帶他喜歡的某個物品（即使使用機率很低）等。遲不遲到對他而言並不重要，做完他所設定的程序才是必要的。家長們常被這儀式行爲困擾，搞不懂孩子爲什麼堅持一定要做完這些大人看起來根本不重要的事。其實，特殊孩子若不這麼做就沒有安全感，由於這是先天的限制，家長只能自我調適了。

4.食物

孩子最喜歡和最不喜歡的食物是什麼？那食物是什麼顏色？對食物有無特殊要求？很多特殊孩子討厭吃有骨頭的食物，所以家長最好準備無骨或易去骨的食物，如雞胸肉。我兒子討厭酸、辣的食物，我不會強迫他吃，但會刻意把一點點酸味或辣味加在他愛吃的甜食中，引導他嘗試不同口味，體驗不同的感受。再三嘗試之下，他現在偶爾也吃一點點帶酸或辣味的食物。

5.衣物

孩子有無喜歡和討厭穿的衣服類型，例如高領、寬領、有無扣子？對顏色及材質的喜好爲何？有些特殊孩子的觸覺特別敏感，穿到不舒服的材質皮膚碰到領子上的標籤時，就容易鬧脾氣。孩子會不會依天氣狀況增減衣服、選擇衣服厚薄？有個個案在寒流時只穿一件薄長袖襯衫，問他會不會冷，他回答還好，卻一直在打噴嚏，他可能是不懂「覺得冷」和「加衣物」之間的關連，因此照顧者要特別留心這一點。對鞋子、拖鞋有個別習慣嗎？有的孩子學不會綁鞋帶，就避免買需要綁鞋帶的鞋給他。

6.外出

孩子有固定的外出習慣嗎？有固定路線嗎？可接受不同的路線嗎？在教導後，可以適度的單獨外出及回家嗎？在外出交通上的學習，接受程度是願意、不太理會、或不理會？理解度是容易、普通、或困難？到站會自行下車嗎？需要先告知司機協助通知孩子下車嗎？下車後會自行走路回家/目的地嗎？遇到困難懂得問人請求協助嗎？孩子外出旅遊時，會不會自己整理行李、準備使用天數的衣物量？

各位家長可以嘗試如此訓練孩子單獨外出。先選一個陌生的地點，第一次家長帶他一起去，並告知乘車選項及上下車站牌。第二次家長跟在孩子後面，要求孩子帶路到目的地，以確認他是否眞的記得怎麼走。確定他都記得之後，就可以讓他自行前往，但在出門前依然要將遇到困難時，可以去那裡求救、求救時要怎麼說的方法，一一告知（或寫在小卡中），放進背包，再加上急用金和一張寫有家長聯絡方式的卡片。此外，也可交代孩子抵達目的地後要打手機給父母，父母也可打電話確認孩子的行蹤。

7. 生理

包括身體及醫療方面。孩子有無身心障礙手冊？屬於哪種障別？有無口語？表達能力如何？需要配戴輔具、護具嗎？有無過敏、氣喘等先天體質？有無用藥及特別需要注意的事項？孩子身體不舒服時的表達方式是什麼？通常會有的狀態爲何？有習慣的處理方式嗎？程序是如何？孩子身體不舒服會告知大人嗎？會有情緒嗎？或是沒有太大表現、完全沒反應，需要照顧者主動發現？

孩子有無服用藥物？藥名、服用劑量、及時間爲何？用藥、有無注意事項？有定期回診及配合的醫生嗎（診所、醫院、醫師名字）？用藥時，可以接受藥丸、還是要磨粉？對藥物過敏嗎？有打針、抽血的經驗嗎？需要特別協助嗎？定期回診科別、醫院及醫生名字

（如：心智科、牙科等等）、定期、不定期或是多久安排一次檢查？

8. 心理

孩子的個性如何？是內向、外向、好學、好強、主動積極、勤勞、勇敢、自信、急躁、馬上反應、無法等待、易怒、沒自信、散漫、猶豫、固執、自私、懶惰、沉默、分享等？是否在某種狀況中一定會產生某種情緒或反應，並會重複發生？

孩子會不會理會別人？若會，是主動、或被動？孩子向來與人應對習慣爲何？表達方式是什麼？通常對事情的反應如何？表達方式是什麼？是正面或負面，是用口語或行爲表達，願意聽、或只自顧自地說話而無法聆聽，是可溝通並接納別人的意見、還是堅持己見固執不通，是會壓抑自己很會忍耐或是瞬間暴衝？

面對問題與困難時的反應如何？如：先發脾氣，挑剔、大驚小怪、嚴格要求自己，或乾脆毀掉全部放棄、怨天尤人、自責等。我看到的案例中，除非是他們很感興趣的項目，否則拖延、逃避是他們的共通行爲。

孩子覺得受傷時的反應又是如何？沉默不語、悶悶不樂，自虐、自閉，對家人暴怒，痛哭，還是自殘、用頭猛力撞牆或地板等？

特殊孩子的言行反應與常人大相逕庭，不了解的人往往不知該如何與他相處，因而選擇保持距離。但這對極度渴望友誼及接納的孩子來說，又是一次受傷經驗。所以，強烈建議家長準備一份小孩的現況說明表，作爲外界與孩子互動的引導。

正因爲每個特殊孩子都獨樹一格，若非長期的相處及觀察，很難明瞭其獨特性，即使是專業人士也無法在短時間內看出訣竅。最清楚孩子特點的，就是日夜陪伴的家長。家長一定要扮演好孩子與外界的翻譯橋樑角色，以協助孩子一點一滴地融入社會，擁有正常的生活。

小太陽悄悄話

家長可以依敏感處、表達方式、食物、衣物、生活習慣、外出、生理、心理等八個類別，為孩子準備一份現況說明表，以幫助師長同學了解孩子獨特性，讓他們適時地給出孩子所需要的支持，讓他順利融入團體。

【注解】

注一：此概念由社團法人台灣靛藍天使協會提出。

CHAPTER 9

規畫孩子的生涯計畫

架設防護網、介紹孩子的特點給周遭的人之後，家長必須開始思考孩子的生涯規畫，並營造他與手足間的良好關係，爲他的一生鋪路。在求學階段，特殊孩子尚有學校這個半封閉的環境可保護引導他。畢業之後，孩子是否有自我照顧的能力、能否持續就業、是否要成家生子等人生問題，將更考驗家長的智慧。因此，家長應盡量在孩子的就學階段，便積極培養他自主生活所需的能力。

【對策】生涯教育與手足關係

爲孩子設計一輩子受用的教育計畫、培養良性互動的手足關係，可爲特殊孩子奠定幸福生活的穩健基礎。

【做法】

1. 一輩子受用的教育計畫

家長可透過個別化教育計畫，用「強化優勢、改善弱點」的策略，協助孩子往獨立自主的目標邁進。教育可分爲認知、技能、情意三大領域：認知是指知識的獲得與應用；技能是指學習而來的動作技巧，如樂器演奏、舞蹈表演、投擲籃球等；而情意（態度）是指對外界刺激肯定或否定的心理反應，像喜歡或討厭等。

華人較重視認知或技能的培養，從小就讓孩子上一大堆課，提升課業成績和才藝表現；而許多特殊孩子家長更是抱著把孩子「修理好」的心態，即使在早療階段，也專注在操作技能及口語等認知能力的訓練上。然而這樣的努力就算成功，也只是二十歲前的成就，因爲天生在人際溝通上有限制的特殊孩子，成年之後能否擁有好朋友、伴侶、能否受職場上司前輩的照顧及提攜，絕大部分仰賴他的情意狀況。換言之，是受到情緒、心理、精神方面能否穩定、是否可扮演好社會上的角色、可否配合團隊的步調，以及人際關係的好壞所支配，亦即是由社會適應的程度來決定的。

我們在職場上常聽說高學歷且能力強但情意弱的人，因太自負而無法與同事合作、不懂人情世故而遭人白眼，或難以升遷、或懷才不遇、或遭人計算。連一般人的人生都會受到情意表達的影響，更何況拙於解讀別人想法、又無法適切表達的特殊孩子？

值得特別注意的是，孩子的天生弱項無論再怎麼補強，最多也只是往社會的中間值靠攏，其特殊性並不會消失。因此，若將眼光放遠，就會發現與其努力趕上一般人的技能水準，不如傾全力著重對孩子一輩子有用的項目。訓練他學會社會可接受的情緒表達方式，遠遠比他打字得全國冠軍重要。孩子未來的生活滿意度，和他EQ（情緒商數）的高低息息相關，一個動不動就打人的電腦天才，是無法被任何一家公司接納的。

因此，建議家長在規畫孩子的早療課程或教育計畫時，先以他在成年時可獨立生活爲目標，加強情意能力、訓練自我照顧，再來充實眼前需要補強的技能，平衡技能操作和情緒教育，這樣對孩子將來的幸福會較有幫助。

自我照顧能力是指生活上的任何事都能自己動手完成，包括：計畫幾點出門的時間管理、財務規畫、金錢控制、做家事、填郵局掛號表格、何時繳哪種帳單、不舒服時自行就醫等等事項。例如，與其叫孩子多背幾個單字，不如訓練孩子準時上床、做家事等，這對他的未來更有幫助。另外，特殊孩子在生命歷程中的種種需求也和一般人一樣，成年後會有性慾、婚姻、生子方面的議題，需要進一步的協助。

2. 培養良性互動的手足關係

許多家長將全部心力集中在特殊孩子身上，疏忽了其他孩子，無形中引起手足不滿，覺得父母偏心，家長必須留意這一點。互愛的家人，才能造就團結的家庭。父母甚至要考慮到，自己往生後特殊孩子是否該請手足接手照顧，兄弟姊妹們是否願意。這在特殊孩子成年之後，將是很敏感的議題。所以請家長務必正視他與手足的關係。

父母對待其他手足及引導他們與特殊孩子互動的建議原則有三：

1. 重質不重量

家長必須撥時間滿足其他孩子的需求，例如每周單獨和其他孩子個別約會，渡過專屬的親子時光以培養感情，讓手足感受到自己也是父母的寶貝。更建議用之前提過的「愛的存款」及「用孩子喜歡的語言來表達關愛」之策略，增加與其他孩子的親密度。

2. 邀請手足擔任特殊孩子的小天使

父母可先解說特殊孩子的困難點，並敞開心胸地說出自己對特殊孩子的擔憂，並請其手足幫忙來共同陪伴，真誠的溝通，就有可能換來真心的回應。

3. 鼓勵，是引導手足願意陪伴的最佳策略

當家長鼓勵願意付出的手足時，孩子會因被肯定而更有意願繼續做下去。即使手足不諒解特殊孩子，建議家長先了解手足不願意的原因，是希望能獲得父母更多關愛？還是在觀念上須進一步釐清。對症下藥地協助不成熟的孩子來正向面對特殊孩子，之後，再創造機會，以帶領手足慢慢開始陪伴特殊孩子。

倘若家長一直保持在不願面對的曖昧狀態，只會引出其他孩子更多抱怨。在我陪伴的家庭中，屢屢看到特殊孩子的手足因長期被忽略，而有強烈的被剝奪感，情緒不穩，變成家中另一顆不定時炸彈。

小太陽悄悄話

在特殊小孩的生涯規畫上，能自我照顧和養活自己，才是一生中最重要的目標！所以，家長要平衡認知、技能、情意及自我照顧能力的訓練，其中，尤重於情緒教育，因為這是決定將來他的人生是彩色還是黑白的關鍵因素。而在照顧這孩子時，別忘了，還有其他的小孩也渴望父母的關懷。

【專欄】

適應社會最重要

多年下來，我對兒子的教養重心，已由當初對課業及才藝的堅持，轉爲身心健康就好。孩子有其天生的限制，從小拿獎學金的我無法確實體會他的無奈和痛苦。但，我確信留得青山在不怕沒柴燒，只要他身心健康，天生聰明的兒子要學習不是難事，更何況他願意跨出家門，將來才有機會融入社會。

再者，特殊孩子不高興時會固著於情緒中，無法好好上學、生活，所以家長適度的放手和尊重是必要的，不要因想滿足自己的期望而阻礙了孩子的學習進度。我兒子於國中畢業後，選擇要上高職還是普通高中時，我都充分與他、醫生、心理師及特教老師溝通，最後我放棄了自己的期待，尊重兒子的決定讓他上普通高中。因爲，嚴重情緒障礙的他在成長經驗中已有太多不如意，而我的教育目標是要維持住他平穩的情緒，所以唯有支持他去做開心的事，才能讓他更有動力去上學。其實，在生命的長河中，學歷只不過是一個小點罷了，和他的身心健康比起來，我較在意後者。

另外，很多特殊孩子很難覺察他人的感受，所以家長要在生活上找機會教育他。我兒子常唸著說要交學校通知單，但隔天還是忘了。還好老師因他是特殊生而願意一再提醒並給他補交機會，結果他還是全校最後一個交件。

當我知道這狀況後，便在兒子心平氣和時慢慢解釋，他的遲交是如何造成老師的困擾。因爲，我不想過度保護兒子而讓他喪失了未來在社會叢林中生存的本事，即便是弱勢，也要及早摸索出求生的方法。所以，無論他能不能領會，但我一定要讓他知道爲人處事的道理，解說的次數多了，說不定有一天可內化成他的價値觀，這也是幫助他社會化的過程之一。

教養特殊孩子需要極大耐心，一般孩子可能三次就教會的事，特殊小孩即使教十次、二十次都還學不會，但這時考驗的是家長的毅力。倘若眞的學不會，家長也不要自責、愧疚，畢竟再厲害的人也不可能讓西瓜變成鳳梨，盡力就好，但求無愧於心。

總結

孩子竟然是特殊孩子，我該怎麼辦？不必慌張，建議由下面事項做起，順利地幫孩子和自己穿起防護衣，在暫時的安全環境下，從長計議往後的應對策略：

1. **架設安全空間的防護網：**可由學校、介入計畫、社會資源、心理建設四大方面著手。

（I）學校方面：

A. 學生認知能力、溝通能力、行動能力、情緒、人際關係、感官功能、健康狀況、生活自理能力、國文、數學等學業能力之現況。

B. 學生家庭狀況。

C. 學生身心障礙狀況對其在普通班上課及生活之影響。

D. 適合學生之評量方式。

E. 學生因問題影響學習者，其行政支援及處理方式。

F. 學生教育目標及學期教育目標。

G. 學生所需要之特殊教育及相關專業服務。

H.學生能參與普通學校（班）之時間及項目。

I.學期教育目標是否達成之評量日期及標準。

J.學前教育大班、國小六年級、國中三年級及高中（職）三年級學生之轉銜服務內容。

（II）**介入計畫：**與專業人士討論規畫出諸如孩子症狀的習得、教育規畫、行爲管理訓練、和藥物治療等相關計畫。

（III）**社會資源的運用：**醫院、特教諮詢專線、相關的協會、基金會、早療中心、大學特教系、各市的特教資源中心、家長成長團體和宗教信仰等，都可供家長許多協助。

（IV）**心理方面的調適：**正確調整自己在包括對孩子期待的衝擊和失落、面對孩子現況的困惑、焦慮、無助與無望、接受或否定孩子狀況的抉擇、家庭關係的改變及職務角色分配、正向看待壓力及自我調適等面向後，就可減少陪伴時的挫折。

2**幫助周遭的人了解孩子，以獲得友善的環境：**透過主動說明孩子的敏感處、表達方式、生活習慣、食物、衣物、外出、生理及心理等八大方面特性，以協助周遭的人可包容接納特殊孩子。

3.**規畫孩子的生涯計畫：**要以可讓孩子一輩子受用的目標來制定教育計畫，更要記得，幫特殊孩子建立與手足間的良性互動關係。

面對有天生限制的特殊孩子，家長不需絕望，但請有意識地轉變自己，要有長期抗戰的心理準備，才能在這條陪伴的路上步伐穩健。尤其，專家無法支持孩子一輩子，身為特殊孩子家長必須努力自學，才能陪伴孩子快樂成長。

【後記】

愛的旅程

「那個自閉症的孩子，他的內在是很快樂的。不快樂的是媽媽。這個孩子靈魂的到來，就是來教育這個媽媽『如何去愛』。」生活的藝術基金會發起人古儒吉曾這麼說過。這番話，從我心底深處劇烈撼動我整個生命，不但瞬間解構了我的世界，更回答了我長久以來的疑問：爲什麼老天要給我一個這樣讓我承受不了的孩子？

「如何去愛」是多麼大的人生課題啊！眞愛可不是隨便說說，是要透過無限考驗才能證明的。在陪伴兒子的過程中，不管我遭逢外界多少誤解、排斥及無情批判，無論兒子是怎樣地重重刺傷我的心，或是當我深陷內心數不清理還亂的複雜情緒糾葛，挫敗到決定放手不再管孩子時，我都搞不懂，爲何自己明明已倒臥在地，卻總是還能再爬起來，排除萬難不顧一切地往前走？背後那股源源不絕永不枯竭的巨大動力是什麼？

現在，我明瞭了，是「愛」！在母愛的驅使下，我才能爲了這個永遠不能退貨的特殊兒子，勇敢克服數不清的困難，一次又一次地突破能力極限。即使萬念俱灰、癱軟在地，也要堅持往前，只爲了這個目標：幫孩子找一條活路。

爲了這個目標，我必須設法讓自己維持在「淡定」中。於是我經歷了一連串價値觀的改變、信念的更動及慣性的刻意扭轉，換言之，就是人生重整，我得先把自己理順，調整到不成爲孩子的「礙」爲止。超級難！但，這就是特殊孩子家長一輩子的考驗，一個永遠不可放棄、無法退選的功課──「如何去愛」。

在這條協助、陪伴特殊孩子的旅程中，被改變的不只是孩子，還有我。其實，我才是轉身幅度最大的人！過程中，我學到孩子和我都是獨立個體，我無法改變他的天生樣貌，但我可以努力不成爲他的刺激源，讓他在「家」這個避風港中，有個休憩和可緩步成長的空間。

試想，要背五十公斤的沙袋走十分鐘，也許有可能，但時間若拉長成二十年、二十年、五十年或更久，你會怎麼想？應該每個人都會受不了，想放棄了吧。然而，家長要背負牽掛的，就是這樣一輩子都不能放下的特殊孩子。在養育這個老天特別給我們的獨特孩子時，若不是心中存有宇宙最偉大的力量──愛，也就是父母對孩子無條件的愛，任誰都會早早打退堂鼓了。

以特殊孩子家長身分走過這一趟，我才深刻體會出什麼叫做愛。在這世界上，除了孩子之外，沒有第二個人可以讓我願意爲他「改頭換面」。從拒絕承認兒子是特殊孩子，到接受他的生命軌道，由擔憂他將來可能無法被社會接納，到重新看待生命的意義，我是以不計其數的血淚學到，要接受並尊重所有生命都有其獨特價值，學會要臣服、要同理、要柔軟、要有彈性、要自我負責、要耐心等待、要打破價值觀、要拓展意識、要轉化信念、要提高視野的高度、要相信老天是愛每一個人的。而我更要做的是，如何把孩子的強項放在正確的地方，讓他能發揮最大的能力，將老天給我的這張牌打到最高的分數，即使這分數對一般人來說，可能是很容易達到的。

想當初，我因爲管不動小孩又太焦慮，所以在七葷八素的混亂狀態下，開始向外尋找，看看外界有沒有方法可以糾正他的脫序行爲。沒想到學到後來，竟然發現我根本不可能改變任何人，除了我自己。是我，在特殊孩子這位舞伴每天出的考題下，被逼到不得不調整自己，開始不停地自我覺察，不懈怠地奮力爬向成長之路，終於能讓自己處在淡定的時間越來越久。我意外地遇見了未知的自己，有機會重新審視過往的人生，因此不只療癒了被遺忘幾十年的內在小孩，撫平了隱藏在心底深處的傷口，還找到了尋尋覓覓的安定感受。

現在，當我再看到兒子的脫序行爲時，焦慮程度已減輕很多，和他衝突的強度及次數也大幅降低，隨之而來的是更多的信任及愛的時光。我也明白，自己不見得能一直保持在清醒覺知的狀態，但是我會不斷提醒自己：要尊重、要放手，不要過分保護他。另一方面，也許孩子就是得經歷過跌倒、感到疼痛後，才會冒出改變的念頭，才能長出力量，強逼不得。我必須有意識地強忍出手幫孩子一把的衝動，理智地接受老天的安排，並允許孩子走在「他的」生命軌道上。

至於，我對孩子的擔憂，是我自己的問題，因為感受到焦慮的人是我，所以我需要將重心轉回到自己身上，看看此刻的不安，是對事實、還是放大對未來的恐懼，想想該如何安定下不平靜的心。當我越來越能接受自己的情緒和缺點、越能釐清別人和我的角色及關係後，我發現我已經開始允許自己和他人——可以不完美了！繞了一大圈後，總算能增加「愛自己」和「親子相愛」這些帳戶中的存款了。

我知道孩子還是會不預期地出各種考題給我，但是只要我能淡定，相信可以在過去累積的經歷、知識、技巧及智慧的加持下，創造出一個適合我們母子愛的相處模式，並迎向我夢想中充滿溫馨甜蜜的愛之家。這是當初還沒走上自我覺察及療癒旅程的我，想都想不到的演進過程。此時，我才看懂，其實每個人都是透過不同關係來看到自己，可能是經由親子、家族、兩性、朋友、事業、健康、財富等關係，在這互動撞擊中，才會發現自己的眞正需求、期待與內在樣貌。

另一方面，我也深深體悟到，生命中的所有事件都是中性的，沒有好壞。重點是，我們能不能辨認出，它是要提醒我什麼？還是來教導我什麼？例如：我的個性太急，因此，老天派慢郎中的兒子來訓練我，直到我被磨到躺平、變得有耐心爲止。所以，特殊孩子眞的是上天爲我精心挑選的禮物，目的是要幫助我成長、協助我學會愛，才可邁向更圓滿的人生。現在，我覺得好感恩！謝謝，謝謝我的過去、現在、未來、生命中的一切人事物，感謝你們豐富了我的人生！

我知道，我會持續關注著兒子，但他的人生道路必須自己走，即使我已預期到他可能會跌倒。因爲，有一天我必然會放手，我能送給他最好的禮物，就是盡可能培養他獨自面對生命種種挑戰的能力，這是身爲孩子母親及生命教練的我，最應該做的事。

各位讀者，這條需要付出極大心力及時間的特殊孩子陪伴之路，一個人摸索很孤寂，讓我們一起作伴、相互扶持、彼此加油。祝福你，可早日跳出獨一無二、充滿眞愛的親子雙人舞！

帶著愛與無限祝福的吳蕙名敬上

【附錄一】

情緒卡與需求卡的運用

本書扉頁爲十二種情緒卡範例，讀者可自行裁下使用。需求卡則是情緒卡的進階工具，使用方法相近。

使用目的：情緒卡和需求卡是一種媒介，可協助父母了解對區辨和表達自己感受及需求有困難的特殊孩子。這套卡列舉出孩子常出現的心情及需求項目。

使用效果：明瞭孩子發飆的原因，父母才能對症下藥地安撫孩子的情緒。

使用情境：孩子又莫名發飆時，或孩子想表達說不出口的想法時。

使用步驟：

1. 先在孩子心平氣和時，說明這套卡可幫助他傳達心情及需求，並解釋每張卡片的意思。最好能夠示範及演練如何使用該卡，和孩子約定在他下次生氣時，爸媽會拿出卡片給他使用，孩子若想表達想法時也可用此卡。

2. 在孩子生氣又說不出原因，或開始分心不專注做事時，即情緒曲線的第二到第四階段時，可使用情緒卡。把此卡有文字的一面朝上，一一排放在桌上。請孩子挑選出一張相似於「自己此刻心情」的卡片。若孩子已暴怒到情緒曲線的第五階段頂峰期時，家長先退到一旁，等孩子到緩和期時再讓他挑選情緒卡。

3. 孩子挑出情緒卡後，父母先注視孩子，並以平和語氣、關愛態度說出卡片內容：「你覺得______（如：沮喪、失望、焦慮等）。」孩子情緒強度應會下降。

4. 接著，把需求卡有文字的那一面朝上，排放在桌上。請孩子挑選出一張最能代表「自己此刻需求」的卡片。父母仍注視著孩子，淡定地和孩子核對：「你想要______（如：交朋友、被尊重、被傾聽、得到讚美等）。好，媽媽（爸爸）幫你。」特別提醒的是，若孩子覺得父母騙他、不尊重他、老插話、或想責罵他時，家長需先理智地忽略自己的情緒和期待，以「處理」的目標來道歉或配合停止動作，才能讓孩子覺得溝通是有效的，日後才願意繼續使用這套卡來表達感受。

5. 家長若想澄清或教育孩子，須等到他的情緒來到情緒曲線的第七階段恢復期後，再用我訊息、教育句型等方式來進行後續事項。

這模式是以兩種卡片當作媒介，協助並教育特殊孩子明白自己現在的心情，以及用社會可接受的方式來表明需求，不再只以一千零一招——生氣暴走來表達情緒，以利孩子往後有更好的情緒管理，順利融入社會團體中。

【附錄二】

參考書目

- 《ADHD兒童認知行爲親子團體治療：父母手冊》（2014），黃惠玲，心理。
- 《P.E.T.父母效能訓練》（2012），湯瑪斯．高登（Dr. Thomas Gordon），張珍麗、張海琳譯，林竹芳審訂，新雨。
- 《這樣因材施教，就對了！認識9大氣質，揭開孩子的天賦密碼》（2012），張黛眉，親子天下。
- 《陪孩子走出情緒障礙》（2009），臧汝芬，三民。
- 《兒童愛之語：打開親子愛的頻道》（2000），蓋瑞．巧門、羅斯．甘伯（Gary Chapman,Ross Campbell），吳瑞誠譯，中主。
- 《身心障礙者行爲問題處理》（2001），鈕文英，心理。
- Antisocial Behavior in School: Strategies and Best Practices. Hill M. Walker, Geoffrey Colvin, Elizabeth Ramsey, Brooks/Cole Publishing Company.

【附錄三】

延伸閱讀

特殊教育、親子類

- 《我的大腦跟你不一樣》（2017），天寶・葛蘭汀（Temple Grandin），殷麗君譯，心靈工坊。
- 《找回專注力：成人ADHD全方位自助手冊》（2016），高淑芬，心靈工坊。
- 《陪伴我家星星兒：一趟四十年的心靈之旅》（2015），蔡張美玲、蔡逸周，心靈工坊。
- 《依然眞摯與忠誠：談成人亞斯伯格症與自閉症》（2014），簡意玲，心靈工坊。
- 《家有過動兒：幫助ADHD孩子快樂成長》（2013），高淑芬，心靈工坊。
- 《星星小孩：幫助自閉兒快樂成長》（2013），蔡文哲，心靈工坊。
- 《我看世界的方法跟你不一樣：給自閉症家庭的實用指南》（2012），天寶・葛蘭汀（Temple Grandin），廖婉如譯，心靈工坊。
- 《星星的孩子：自閉天才的圖像思考》（2012），天寶・葛蘭汀（Temple Grandin），傳馨芳譯，心靈工坊。

- 《我的筆衣罐：一個肯納青年的繪畫課》（2009），劉俊余圖畫、陳素秋文字，心靈工坊。
- 《破牆而出：我與自閉症、亞斯伯格症共處的日子》（2008），史帝芬・蕭爾（Stephen Shore），丁凡譯，心靈工坊。
- 《肯納園，一個愛與夢想的故事》（2006），財團法人肯納自閉症基金會、瞿欣，心靈工坊。
- 《穩步・慢行：自閉症孩子的生活、溝通、學習》（2016），莎莉・羅傑斯，潔拉汀・道森，羅莉・維斯瑪拉（Sally J. Rogers,Geraldine Dawson,Laurie A. Vismara）張美惠、姜忠信譯，張老師文化。
- 《自閉群像：我們如何從治療異數，走到接納多元（上、下套書）》（2016），史提夫希伯曼（Steve Silberman），朱怡康譯，行路。
- 《我想變成鳥，所以跳起來：在自閉兒的世界裡，理解是最適當的陪伴》（2015），東田直樹，王亦穹譯，遠流。
- 《阿鎧老師5分鐘玩出專注力（暢銷增訂版）》（2015），張旭鎧，新手父母。

• 《丹佛早療模式：促進自閉症幼兒的語言、學習及參與能力》（2014），莎莉・羅傑斯、吉拉汀・道森（Sally J. Rogers, Geraldine Dawson），劉瓊瑛、朱思穎譯，姜忠信審閱，洪葉文化。
• 《解鎖：創傷療癒地圖》（2013），彼得・列文（Peter A. Levine），張老師文化。
• 《阿鎧老師10天就看到成效的感統遊戲【加贈：40招親子一起玩的感統遊戲小別冊】》（2013），張旭鎧，新手父母。
• 《社會性技巧訓練手冊：給自閉症或亞斯伯格症兒童的158個社會性故事》（2013），凱蘿・葛瑞（Carol Gray），楊世華譯，林育瑋校閱，心理。
• 《如何促進自閉症兒童的社交能力：敘事遊戲76招》（2012），Ann E. Densmore：自然就好心理諮商所策劃，陳信昭、王璇璣、曾正奇、蔡翊楦、蕭雅云、陳碧玲譯，陳信昭總校閱，心理。
• 《理解發展障礙孩子的心：教養自閉、亞斯伯格及過動孩子的圖解實用手冊》（2012），主婦之友社，蕭雲菁譯，遠流。
• 《當媽媽遇見過動兒》（2011），李宏鎰，心理。
• 《自閉症教材教法（上冊）：行爲問題處理與社交技巧篇》（2010），王大延、李珣、李佳玫、林丹桂、林淑娟、邱采緹、黃昭蓉、黃楓枝、賴伶華、蘇日俊、李佳錫，心理。

- 《自閉症教材教法（下冊）：溝通訓練、休閒教育與職業訓練篇》（2010），王大延、李珣、李佳玫、林丹桂、林淑娟、邱采緹、黃昭蓉、黃楓枝、賴伶華、蘇日俊，心理。
- 《泛自閉症者的社交能力訓練：學校沒有教的人際互動法則》（2010），劉萌容，書泉。
- 《情緒的驚人力量》（2008），愛思特．希克斯、傑瑞．希克斯（Esther and Jerry Hicks），丘羽先、謝明憲譯，天下文化。
- 《001 超越又抖又叫妥瑞症》（2007），王煇雄、郭夢菲，一家親文化。
- 《家族星座治療：海寧格的系統心理療法》（2001），伯特．海寧格（Bert Hellinger）等著，周鼎文譯，張老師文化。

心理成長類

- 《寫出你的內心戲：60個有趣的心靈寫作練習》（2017），莊慧秋，心靈工坊。
- 《心靈寫作：創造你的異想世界（30年紀念版）》（2017），娜妲莉．高柏（Natalie Goldberg），韓良憶譯，心靈工坊。
- 《不完美的禮物：放下「應該」的你，擁抱眞實的自己》（2013），布芮尼．布朗

（Brene Brown），田育慈譯，心靈工坊。

- 《擁抱不完美：認回自己的故事療癒之旅》（2013），周志建，心靈工坊。
- 《不被情緒綁架：擺脫你的慣性與恐懼》（2012），佩瑪．丘卓（Pema Chodron），雷叔雲譯，心靈工坊。
- 《愛與和解：華人家庭的系統排列故事》（2011），周鼎文，心靈工坊。
- 《美好五分鐘：平靜專注的一百則練習》（2009），傑弗瑞．布蘭特力（Jeffrey Brantley）、溫蒂．米爾斯坦（Wendy Millstine），許桂綿譯，心靈工坊。
- 《中年叛逆：走出生命框架，活出精采人生》（2017），張鴻玉，賽斯文化。
- 《緣來，就是你》（2016），紫嚴導師，方智。
- 《即刻開悟》（2015），古儒吉，生活的藝術。
- 《遇見未知的自己（全新增訂版）》（2013），張德芬，方智。
- 《當下，與情緒相遇：諮商心理師的情緒理解與自我生命歷程》（2013），曹中瑋，張老師文化。
- 《你的感覺，我懂！：同理心的力量，創造自我了解與親密關係》（2009），亞瑟．喬拉米卡利（Arthur Ciaramicoli），陳豐偉、張家銘譯，麥田。

心靈工坊 PsyGarden

Holistic 111

暴走小孩，淡定父母

與特殊孩子的情緒共舞

Calming Your Impulsive Kids:

How to Help Children with Special Needs Control Their Emotions

作者：吳蕙名

出版者—心靈工坊文化事業股份有限公司
發行人—王浩威　總編輯—王桂花
責任編輯—黃心宜　特約編輯—謝碧卿
內頁設計排版—董子瑈
通訊地址—106台北市信義路四段53巷8號2樓
郵政劃撥—19546215　戶名—心靈工坊文化事業股份有限公司
電話—02) 2702-9186　傳真—02) 2702-9286
E-mail—service@psygarden.com.tw　網址—www.psygarden.com.tw

製版・印刷—中茂製版分色印刷事業股份有限公司
總經銷—大和書報圖書股份有限公司
電話—02）8990-2588　傳真—02）2990-1658
通訊地址—248新北市五股工業區五工五路二號
初版一刷—2017年10月　初版三刷—2021年1月
ISBN—978-986-357-104-9　定價—380元

國家圖書館出版品預行編目資料

暴走小孩，淡定父母：與特殊孩子的情緒共舞／吳蕙名著.
-- 初版. -- 臺北市：心靈工坊文化, 2017.10
面；公分.--（Holistic；111）
ISBN 978-986-357-104-9（平裝）

1.特殊兒童教育　2.親職教育　3.情緒管理

529.6

106017630

心靈工坊 PsyGarden 書香家族 讀友卡

感謝您購買心靈工坊的叢書，爲了加強對您的服務，請您詳填本卡，
直接投入郵筒（免貼郵票）或傳眞，我們會珍視您的意見，
並提供您最新的活動訊息，共同以書會友，追求身心靈的創意與成長。

書系編號－GU 020　書名－暴走小孩，淡定父母：與特殊孩子的情緒共舞

姓名　是否已加入書香家族？ □是 □現在加入

電話（公司）　（住家）　手機

E-mail　生日　年　月　日

地址 □□□

服務機構／就讀學校　職稱

您的性別—□1.女 □2.男 □3.其他

婚姻狀況—□1.未婚 □2.已婚 □3.離婚 □4.不婚 □5.同志 □6.喪偶 □7.分居

請問您如何得知這本書？

□1.書店 □2.報章雜誌 □3.廣播電視 □4.親友推介 □5.心靈工坊書訊
□6.廣告DM □7.心靈工坊網站 □8.其他網路媒體 □9.其他

您購買本書的方式？

□1.書店 □2.劃撥郵購 □3.團體訂購 □4.網路訂購 □5.其他

您對本書的意見？

封面設計	□ 1.須再改進	□ 2.尚可	□ 3.滿意	□ 4.非常滿意
版面編排	□ 1.須再改進	□ 2.尚可	□ 3.滿意	□ 4.非常滿意
內容	□ 1.須再改進	□ 2.尚可	□ 3.滿意	□ 4.非常滿意
文筆／翻譯	□ 1.須再改進	□ 2.尚可	□ 3.滿意	□ 4.非常滿意
價格	□ 1.須再改進	□ 2.尚可	□ 3.滿意	□ 4.非常滿意

您對我們有何建議？

本人同意　（請簽名）提供(真實姓名／E-mail／地址/電話等資料)，以作為心靈工坊（聯絡／寄貨/加入會員／行銷／會員折扣等）之用，詳細內容請參閱 http://shop.psygarden.com.tw/member_register.asp。

廣 告 回 信
台北郵局登記證
台北廣字第1143號
免 貼 郵 票

心靈工坊 PsyGarden

台北市106 信義路四段53巷8號2樓

讀者服務組 收

免 貼 郵 票

（對折線）

加入心靈工坊書香家族會員
共享知識的盛宴，成長的喜悅

請寄回這張回函卡（免貼郵票），
您就成爲心靈工坊的書香家族會員，您將可以——

⊙隨時收到新書出版和活動訊息

⊙獲得各項回饋和優惠方案

心靈工坊 ZIPsyGarden

我覺得

羞愧／丟臉

暴走小孩 淡定父母
與特殊孩子的情緒共舞

心靈工坊 ZIPsyGarden

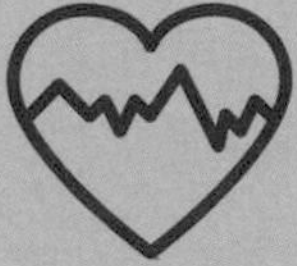

我覺得

焦慮

暴走小孩 淡定父母
與特殊孩子的情緒共舞

心靈工坊 ZIPsyGarden

我覺得

孤單

暴走小孩 淡定父母
與特殊孩子的情緒共舞

心靈工坊 ZIPsyGarden

我覺得

傷心

暴走小孩 淡定父母
與特殊孩子的情緒共舞

心靈工坊 ZIPsyGarden

我覺得

內疚／我不好

暴走小孩 淡定父母
與特殊孩子的情緒共舞

心靈工坊 ZIPsyGarden

我覺得

沮喪

暴走小孩 淡定父母
與特殊孩子的情緒共舞

情緒卡使用方法請見【附錄二】